汕尾市乡村振兴典型案例

任丽华　编著

羊城晚报出版社
·广州·

图书在版编目（CIP）数据
汕尾市乡村振兴典型案例 / 任丽华编著. -- 广州 : 羊城晚报出版社, 2025. 5. -- ISBN 978-7-5543-1403-6
Ⅰ. F327.653
中国国家版本馆 CIP 数据核字第 20252S6T60 号

汕尾市乡村振兴典型案例
Shanwei Shi Xiangcun Zhenxing Dianxing Anli

策划编辑 王晓娜
责任编辑 王晓娜
责任技编 张广生
装帧设计 友间文化
出版发行 羊城晚报出版社
（广州市天河区黄埔大道中309号羊城创意产业园3-13B　邮编：510665）
发行部电话：（020）87133053
出 版 人 陶　勇
经　　销 广东新华发行集团股份有限公司
印　　刷 广州小明数码印刷有限公司
规　　格 889毫米×1194毫米　1/16　印张15.5　字数330千
版　　次 2025年5月第1版　2025年5月第1次印刷
书　　号 ISBN 978-7-5543-1403-6
定　　价 78.00元

编委会

顾　　问：叶杰雄

主　　编：任丽华

副 主 编：罗景泉　余小勇

参编人员：陈　川　彭少栓　林剑瑞　余媛媛　颜倩儿　刘琴琴　胡　碟

　　　　　陈嘉俊　李争娃　罗淑君　邱韵琳　许素贞　陈禅贞

合作单位

汕尾市农业农村局

广东省普通高校人文社科重点研究基地：“数字+”乡村振兴创新传播研究基地

序　言

实现中国式现代化，必须加快推进乡村全面振兴。汕尾市委、市政府深刻认识到乡村振兴的重要性和紧迫性，将其作为推动全市经济社会高质量发展的核心战略之一，以前所未有的决心和力度，全面推进乡村产业、人才、文化、生态、组织“五个振兴”，取得了骄人战绩，汕尾连续五年先后获广东省实施乡村振兴战略实绩考核粤东片区、沿海经济带东西两翼片区第一名。

从2022年10月开始，汕尾职业技术学院的广东省普通高校人文社科重点研究基地：“数字+”乡村振兴创新传播研究基地课题组与汕尾市农业农村局紧密合作，共同开展汕尾乡村振兴典型案例的调研与征集工作。在此过程中，编写组深切感受到汕尾乡村发展的日新月异。这是国家乡村振兴战略在汕尾的创新实践，也是五级书记抓乡村振兴和广大乡村基层干部群众齐心协力共同奋斗的成就。

本书精心选取了汕尾市城区、陆丰市、海丰县、陆河县的4个镇级乡村振兴案例、33个村的乡村振兴创新实践案例，每一个案例都蕴含着独特的创新思路和鲜活的实践经验。这些案例犹如一颗颗璀璨的明珠，镶嵌在汕尾乡村振兴战略实践的壮丽版图上。它们涵盖了乡村产业、建设、治理、科技、改革、人才、文化、生态、组织等多个方面，是汕尾乡村振兴实践的生动写照和劳动创造的智慧结晶。

编写本书的目的，不仅是总结宣传汕尾乡村振兴的创新实践经验，更是进一步发挥这些先进典型的示范引领作用。我们希望通过这些案例的展示和推广，为汕尾市其他乡村的振兴发展提供可借鉴、可复制的模式和方法，激发广大乡村干部群众的积极性和创造性，推动汕尾市乡村高质量全面振兴。同时，我们也希望这些案例能够为省内外其他地区开展乡村振兴工作提供有益的参考和启示，促进全国乡村振兴事业的蓬勃发展。

在编写过程中，编写组秉持着严谨、客观的态度，深入挖掘每一个案例的内涵和价值，力求将真实、有价值的创新实践经验呈现给读者。本书的编写得到入选典型案例的村镇及汕尾市城区、陆丰市、海丰县、陆河县相关同志的大力支持，在此代表编写组表示诚挚谢意！由于水平有限，书中内容难免有疏漏之处，敬请广大读者批评指正。

本书编写团队
2025年5月于汕尾

目　录

03 第三编 / 海丰县乡村振兴典型案例 /

04 第四编 / 陆河县乡村振兴典型案例 /

01

第一编

汕尾市城区乡村振兴典型案例

红草镇

“三个聚焦”推动“百千万工程”实现良好开局

近年来，市城区红草镇紧紧围绕“眼睛亮、筋骨壮、腰包鼓、脑袋富”的工作目标，坚持以“头号力度”推进“百千万工程”，不断强化乡镇联城带村的节点功能，以产业发展、美丽圩镇、绿美生态建设为主要抓手，推动城乡区域协调发展取得阶段性成效，实现“百千万工程”良好开局。

一、聚焦产业兴旺，全面激活镇域经济活力

突出工业重镇、农业大镇发展定位，全面提升红草镇域经济发展质量。

（一）做强工业主导产业

助力打造产业平台，基本完成汕尾市光明科技产业园区、汕尾高新区中心园征地任务，为信利六代线、天贸二期等重点项目落地入园提供用地保障。推动高新区、埔边工业园区重点项目建设，抓好“四上”企业培育，2024年实现规上工业产值129.8亿元，新增经营主体（含高新区）4845家，其中企业2162家（含个转企181家），个体工商户2683家，新增“四上”企业13家（10家由高新区培育）。

（二）做大晨洲蚝特色产业

利用乡村振兴示范带、汕尾高新园区建设的契机，不断强化集体资产资源清查，盘活及整合闲置集体资产资源，如新村村整合村内364亩鱼塭，以特色生蚝等水产品为打造重点，通过镇“三资”平台面向全村养殖能手进行公开发包，促进村集体经济每年增收约76万元；深入实施“一村一品、一镇一业”，精深加工蚝腊肠、蚝佛跳墙等预制菜产品拓宽产业链，试点招聘农村职业经理人推动产业运营，稳步推进晨洲蚝现代农业产业园建设，积极申报“晨洲蚝”地理标志，让更多游客通过生蚝了解红草、了解晨洲，持续擦亮“晨洲蚝”品牌，2024年实现蚝产值约6.3亿元。

红草镇航拍图

（三）做优生态旅游优势产业

依托示范带建设打造黄江月色、海堤路等10多个网红打卡点，吸引游客5万余人次，带动周边村每年增收105万元。扎实开展晨洲蚝乡国家4A级旅游景区创建工作，打造特色海岛餐厅、蚝商业街，高质量运营蚝文化馆，成功举办第三届晨洲蚝文化节，打响红草特色旅游品牌，晨洲村获评中国美丽休闲乡村、省级休闲农业与乡村旅游示范点等称号。

（四）做实典型村培育

深挖三个省级典型村的资源禀赋、产业基础，探索特色鲜明、优势互补的发展路径，如晨洲村通过培育高标准蚝苗、开发晨洲蚝深加工产品擦亮特色产业名片；新村村利用何香凝掩蔽处、杨小岳故居等资源打造集旅游观光、休闲度假、红色研学、农耕体验为一体的乡村旅游综合体；红草社区依托“百年圩埠”历史底蕴发展商业、住宿、餐

晨洲村万亩蚝田

饮、文创等多元业态，着力打造全镇商贸集市中心。

二、聚焦圩镇建设，推动城乡风貌跃迁蝶变

聚焦广东省“百千万工程”典型镇建设要求，全力打造“一园绿美，两轴展示，多点示范”省级示范引领类美丽圩镇。

（一）抓好规划引领

按照全镇“一张图、一盘棋”理念，充分挖掘农业、产业、文化等资源，制定整体长远规划、村庄规划、乡村振兴示范带建设规划，谋篇布局“两核驱动、两带示范、三产融合、五区联动、多点布局”的乡村全域美丽蓝图，邀请华南农业大学、广州大学专家团队出谋划策、驻镇指导，高标准制定《汕尾市城区红草镇美丽圩镇人居环境品质提升规划设计方案》《汕尾市城区红草镇乡镇建设工作方案》，夯实圩镇建设底色。

（二）抓好四项任务

统筹推进生活垃圾、生活污水、厕所革命和“六乱”治理，升级改造红草社区垃圾转运站，通过建设8个污水处理终端、纳入市政管网等方式全覆盖辖区污水处理，污水处理率达90%以上，改造提升24座公厕、1326座户厕，常态化开展秩序管控、“六乱”整治，擦亮人居环境气色。

（三）抓好“七个一”建设

以红草社区为先行示范点，完成“七个一”关键节点打造，在此基础上额外提升圩埠入口、石美山圩镇客厅、湖滨路美丽河道等三个节点，打造“形”“神”兼备、“内”“外”并重的美丽圩镇，提升风貌品质特色。

（四）抓好九项基础设施

积极优化资源配置，打造“三圈四中心”，镇内配备中心幼儿园、中心小学、红草中学（寄宿制）等“三所学校”，商超6间，镇卫生院、村卫生站15所，综合养老服务中心1家，幸福食堂8家，党群服务中心16间，便民广场4个，篮球场2个。道路基本实现硬底化，配备公共停车场和充电桩，快递物流点18个，冷链物流服务点2个。同时，以“连带成片”示范片区建设为切入口，对接中山大学设计团队谋划晨洲—金町“连带成片”示范片区项目4个，增强公共基础设施成色。

（五）抓好结对帮扶

深入实施“千企帮千镇　万企兴万村”行动，与中建五局、省二建、省基础工程等3家建筑业企业建立结对帮扶关系，围绕“明珠一号”攻坚行动形成10个公益性项目总投资480万元，增添社会参与亮色。

三、聚焦绿美建设，绘就绿美红草锦绣画卷

全面推行林长制和绿美红草生态建设，打造“城在林中、路在绿中、房在园中、人在景中”的绿美人居环境。

（一）立足扩绿增绿，合理规划“构好图”

坚持长远谋划和及时见效相结合，立足资源禀赋，聘请广东生态工程职业学院专业团队“一村一图、一镇一册”绘制镇、村绿美总体规划，做到定地点、定树种、定数量，突显“一村一乡韵、一村一特色”。

（二）拓宽多种渠道，筹集资源“引好线”

全域开展“我为家乡种棵树”党员干部认捐活动，捐款捐树金额超20万元；汇聚社会组织、团员青年等多方力量，打造“人才林”“同心林”，推动“村景变风景，风景变风光”。

（三）探索“绿美+”模式，点面结合“绣好画”

依托示范带、四好农村路建设提升月眉池、江村守望等景观节点及“五边四旁”绿化品质，打造新村滨海绿道，建设村头公园17个、“口袋公园”6个、“四小园”82个、“美丽庭院”500户，实现“一步一景、一村一貌”。

红草镇晨洲村航拍图

四、未来发展规划

（一）抓产业、强服务，谋求经济发展新突破

坚持发展是第一要务，以实体经济为本、制造业当家，大力实施“百县千镇万村高质量发展工程”，努力把红草片区打造成产城融合的产业新城。统筹推进新型工业化，培育新质发展力量，优化高新区、埔边、汽贸三大商圈服务功能，扎实做好汕尾高新区中心园区、光明科技产业园区要素保障工作，为项目落地入园提供承载空间，全面提升红草工业发展质量。着力优化营商环境，强化“店小二”服务，提高招商引资成效，培育一批专精特新中小企业，对辖区内有潜力的企业持续跟踪服务，有效提升红草经济活力。

（二）稳基础、增收入，谱写乡村振兴新篇章

加快推进农田水利设施项目实施，不断完善农田水利灌溉系统，深化改革激活土地要素，服

务保障全镇粮食生产工作，完成粮食产量目标、任务，守住农业“基本盘”。多措并举提升集体经济收入，稳步完成红草镇农村集体“三资”管理提质增效行动试点行动，积极盘活村集体闲置资源资产，多样化途径发展新型农村集体经济，努力实现年集体经营性收入50万元以上的村（社区）达到8个。做大做优特色产业，立足优势资源，以预制菜、晨洲蚝产业园建设为主抓手，在蚝种研发、标准化生产、精深加工、品牌营销等全产业链上聚焦发力。深化农文旅融合发展，整合文旅资源，积极培育休闲旅游、美食、文创、房车基地、度假营地等新业态，推动晨洲村连片创建国家4A级旅游景区，持续擦亮红草旅游名片，吸引更多游客畅游红草、乐在红草。

（三）美环境、补短板，打造城乡建设新风貌

全面营造干净整洁城乡环境，坚持以“创文巩卫”为主线，统筹推进污水处理、垃圾清运、“六乱”治理及“三清三拆”工作，开展农贸市场、圩镇专项整治，全力创建全国卫生镇。持续擦亮绿美红草生态底色，认真落实林长令，打造“城在林中、路在绿中、房在园中、人在景中”的绿美人居环境。聚力补齐城乡基础短板，实施老旧小区一期改造工程，重点对埔边村、红草社区等综合提升改造，完善口袋公园、停车场等基础设施；携手中铁公司推进助力项目落地落实，提升农房风貌，丰富红草社区百年圩镇文化内涵、商贸氛围，建设新村海陆丰建筑博物馆，推进城乡一体化融合发展。

（四）保民本、惠民生，描绘公共服务新蓝图

做好民生兜底保障，加强脱贫不稳定户、边缘易致贫户等防止返贫监测，落实低保户、特困户、残疾人、困境儿童等特殊群体关爱保障。提升公共服务质量，用心延伸服务触角，全面落实养老保险、医疗保险、社保补贴等各类惠民政策，实施城乡居保“镇村通”工程，完善基本医保、大病保险、医疗救助三重保障。提升社会事业效能，坚持教育优先发展，加强师资队伍建设，持续协调汕尾中学、汕尾职业技术学校征地工作，提高办学质量；积极实施“粤菜师傅”“广东技工”“南粤家政”三项工程，提高群众就业技能、工作收入，实施新一轮基层卫生健康服务能力提升五年行动，提高基层医疗卫生服务质量和效率。

（五）抓治理、提成效，开创基层治理新局面

提升社会治理水平，全力维护社会大局和谐稳定，立足矛盾排查化解，提升多元化解工作质效，推进市域治理现代化，持续深化“1+6+N”基层社会治理体系建设，落实领导包案制度，构建职责明确、管理精细、渠道畅通、反应迅速、服务高效的四级“全科网格”。打造村级社会治理工作站，整合网格服务管理、矛盾纠纷调处、社会心理服务等功能，全面构建“一站式接收、一揽子调处、全链式解决”的多元化解工作格局。抓实抓细安全生产，维护好群众生命财产安全，严格落实安全生产责任制，强化安全监管执法，开展安全生产大排查大整治工作，组织安全教育培训和宣传活动，营造人人关注安全、重视安全的良好氛围。

马宫街道金町村

夯实基层治理 绘就善美金町村

一、基本情况

（一）金町村基本情况

金町村位于汕尾市区西侧，隶属汕尾市城区马宫街道，区位优势明显，交通便利，距离市中心5.5公里、深汕高速长沙湾出入口2公里，辖区面积4.6平方公里，海岸线长2.5公里。金町村下辖9个自然村12个村民小组，总户数741户，总人口4000人左右，其中常住人口1200人左右，60岁以上人口260人，外来人口约1000人，流动性很强，大部分外来人口是到保利工地从事建筑业的人员，本村有46名残疾人。金町村姓氏结构，9个自然村姓氏有姓苏、李、蔡、万、施、谢、黄、钟、周、陈、冯、林、杨、邱、管、张、王、邹等，其中田中央村单一姓苏，岭头村单一姓冯，新厝村单一姓施。

（二）金町村产业分布和社会发展情况

2013年，500强央企保利落户金町村投资建设房地产，打造集旅游、休闲度假、房地产为一体的产业体系，带动和辐射金町村各行各业蓬勃发展。2016年10月，埔美、深田、岭头、大园四个村民小组（甲方）依照有关法律法规，在各小组召开村民大会表决同意的前提下，与海丰县东辉房地产开发有限公司城区分公司（乙方）合作开发华夏金沙湾新农村建设项目，并签订了《房地产合作开发合同》，以甲方出具一期留成地38414.2平方米，乙方出具资金的形式进行合作，在2022年1月已封顶竣工并交付于四个小组的村民使用。

（三）党组织设置和村民小组情况

金町村设置党总支，下设三个党支部、8个党小组，划分了8个小网格，现有“两委”干部7名，其中大专以上学历2人，高中及中专4人，初中1人，平均年龄45岁，女干部1名，“两委”交叉率100%，党总支部书记、村委会主任、经联社主任“一肩挑”。金町村有村民小组长12名、村民代表48名，其中2名村民小组长担任村民小组党支部书记或党小组组长。全村有党员88名，其中男性党员80名、女性党员8名，平均年龄51岁，大学以上学历18名。

（四）获得荣誉

金町村始终坚持党建引领示范创建，作为“党建引领基层治理，打造新时代广东‘枫桥经验’全省现场会”参观学习点，荣获“全国民主法治示范村（社区）”“全国综合减灾示范社区”“首批全国村级议事协商创新实验试点单位”“全国文明实践巾帼志愿阳光站”“全国‘扫黄打非’进基层示范点”等多项荣誉。

二、主要做法和成效

（一）强化党建引领，提升乡村治理效能

突出党建引领，激活红色细胞，金町村聚焦党组织组织力、凝聚力、号召力、战斗力提升，围绕基层党组织规范化建设、“两委”队伍建设，持续激发红色细胞潜能，推动党组织向下扎根、工作全面覆盖，进一步夯实经济发展组织保障。

1. 强化基层党组织落实力。率先创新党组织设置，在村小组上建立党小组，多数党小组组长同时是村小组组长，对于村民小组内的党员实行“双重管理”的办法，小组长每月定期向村党组织书记汇报组内大事，将基层党组织体系延伸至村小组，进一步加强、巩固基层党组织建设。探索区域党建的可行路径，与驻村单位区教育局签订《党建共建协议》，以全职驻村干部、一村一辅警、返乡走亲干部为桥梁，与街道、区、市三级的机关党组织建立连接，党建工作逐步从单体自建向协调共建发展。

2. 提升“两委”干部执行力。深入实施“头雁”工程，以村级换届选举为契机，配强“两委”队伍，现村委干部7人，均为党员，超过一半村委干部学历中专以上、年龄50岁以下，村委成员年轻化、受教育程度高成了金町村的优势。坚持开展各项党建主题教育活动，定期组织村“两委”干部、各支部业务骨干及时学习传达中央及各级政府重要文件精神，确保村委各项工作步调与省委、市委、区委保持一致。同时，建立村党组织书记后备队伍，加强后备干部储备。

3. 发挥基层党员影响力。通过每周至少召开一次村党组织工作例会，落实“第一议题”学习制度，提升“两委”干部政治素养和文化水平，持续强化村“两委”干部担当意识和责任意识，并以“亮身份、作承诺、见行动”活动为依托，推动党员在疫情防控、森林防火、创文创卫、禁毒宣传、脱贫攻坚战等重点工作中发挥先锋模范作用，在重大任务中勇于担当、走在前端。如，在征地工作中，通过“党员领头签”带动“群众跟着签”，为保利金町湾旅游度假区征地工作打开了新局面；面对疫情防控，个别村民对接种疫苗心存疑虑时，党员代表带头接种，发动群众一带十，十带百，共筑疫情防控防线；村民出现纠纷时，老党员主动出面做调解工作；每年党员代

表进村入户，探访贫困户、五保户、残疾人等，积极参加党组织开展的志愿服务活动。

党群会议现场

（二）强化基层治理，探索创新新时代新治理方式

1．深化自治，村民主动参与村务。金町村以“得民心、汇民智、晓民意”为目标，于2015年创新成立“夕阳红·老舅公”志愿调解服务队和村居律师调解的二元调解服务团队，其中“夕阳红·老舅公”志愿调解服务队是一支由12名老党员、老干部、村民代表和热心群众组成的队伍，充分发挥熟悉本地情况的优势，做出巨大贡献。针对各村社小组及村民出现的矛盾纠纷和疑问，先由调解队了解和处理，遇到相关法律问题就与金町村委和驻村律师顾问联系，如果调解队遇到无法调解的矛盾纠纷，再汇报给驻村法律顾问，由法律顾问引导村民正当表达诉求，通过合法方式解决争议纠纷。“一杯茶解解渴，两杯茶消消气，三杯茶说说事。”调解团队将心比心、以心换心，化解征地拆迁、历史遗留问题等一起起矛盾纠纷，赢得了群众赞誉。这套方法成效明显，把各类矛盾纠纷解决在基层，切实为党委、政府分忧，为人民群众解难，推进新时代“枫桥经验”在金町村落地生根。自从成立以来，志愿服务队成功协助村“两委”干部调解土地纠纷等问题78起，调解邻里矛盾126起，调解成功率达100%，切实做到“小事不出村、大事不出镇、矛盾不上交、平安不出事、服务不缺位”。如今，“小事不出村”逐渐成为村民的共识，其中，“夕阳红·老舅公”志愿调解服务队也形成志愿服务品牌向全市推广。

2．共话发展，搭建便捷议事平台。金町村制订完善了《金町村“四议两公开”议事制度》《金町村民主“一事一议”制度》《金町村党群议事会制度》等规章制度，助力民主法治乡村建设平稳致远。更是在落实“四议两公开”工作法的基础上，推进村级协商议事制度，投入70万元打造党群议事厅，科学决策村级重大事项。2019年1月，金町村召开了第一次党群议事会议，讨论决策了建设“长者饭堂”等事项，还讨论决定了农村集体经济组织产权改革、长者饭堂铺面管理方案、新设立金町保利社区等等事项，近期还决策了保利社区的设立、建设生态骨灰楼，反响热烈，效果显著，真正做到了让议事协商有机制、有场所、有活动、有成效。通过落实这一制度，一方面，村民的疑虑减少了，能够忠心拥护、信任政府和村“两委”；另一方面，村民小组长、村民代表的责任意识增强了，能够自觉规范自身行为，干群关系融洽了，村里矛盾就减少了，金町村变得越来越和谐稳定。2018年以来，共有700余人次参加10批次议事协商，涉及村级10项重大事项。议事厅不仅仅为村民议事协商提供了场所，有助于当地科学决策村级重大事项，减少村民疑虑、增强村民小组长与村民代表的责任意识，减少村内矛盾。更是将村级事务从以前的村干部“一头热”，转变为干部、群众“两头热”。

3. 多维联动，织密平安村居天网。金町村以构建田字型基层社会治理为抓手，深化“大数据+网格化+群众路线”工作机制，充分发挥党建引领基层治理的作用，提升基层治理现代化水平，筑牢平安稳定的“三全”防线。全片区网格管理，将4.6平方公里的辖区划分为8个网格，并建立与基层网格相对应的“党支部+党小组”网格党建架构，推动基层党建和社会治理“两网”融合。成立由9名街道驻村工作组成员、7名村干部及8名专职人员组成的网格员队伍，负责综治维稳信访、禁毒、反走私、安全生产、消防安全、创文创卫、扫黑除恶以及其他中心工作任务的贯彻落实，做到一网通管，多网合一。并且积极探索“互联网＋”网格化新模式、新方法，开通“金町为村”网络微信平台，以党务、村务、服务、商务、事务五大板块70多项功能为党员干部服务群众提供了丰富的沟通工具，助力党建引领精准脱贫、社会综合治理、乡村振兴发展，是手机上的“党群服务中心”，彻底打通网格化管理联系群众的“最后一公里”。

（三）美化乡村环境，推动基础设施提质升级

1. 创新实施人居环境提升工程。以“三清三拆三整治”为抓手，创新实施人居环境提升工程，形成“整治—建设—管理”三位一体的综合治理模式。成立专项工作领导小组，系统开展环境整治行动，累计清理垃圾606处2069吨，拆除危旧房屋60间5020平方米，整治乱搭乱建6处50平方米。同步完善基础设施，完成4座公厕改造并实现无害化户厕全覆盖，规范“三线”架设，配备7名专职保洁员，建立垃圾“日产日清”处理体系，全面消除黑臭水体，村容村貌焕然一新。通过实施禽畜集中圈养、分区保洁等长效管理机制，主村道及公共空间整洁有序，沟渠池塘全面治理，生活垃圾规范化处理，形成环境整治、设施完

金町村幸福食堂

金町村村委会

善、管理到位的良性循环，生态宜居美丽乡村建设迈上新台阶。

2. 推动乡村建设提质升级。金町村幸福食堂作为全市试点，按照“供销合作社主导+企业承包+社工服务”运营模式，将金町村幸福食堂升级为马宫街道区域性幸福食堂，为马宫街道8个村（社区）孤寡老人提供助餐服务。建设“雪亮工程”，充分发挥“雪亮工程”全方位监控作用，在村内所有主干道安装监控摄像头共80个，实现全时段、全方位、无死角的治安防控。大力实施“厕所革命”，改造户厕458间，无害化户厕4座。建设完成污水处理管网，解决全村污水排放问题。更新设置5个垃圾分类屋，由7名保洁员、3辆密闭垃圾运输车辆，定时定点负责清扫村道、转运垃圾。

3. 提质绿美建设。深入贯彻落实“百千万工程”绿美生态建设部署，因地制宜推进绿化美化工程取得阶段性成效。通过政协、住建局、村党员干部等多方发动，2024年乔木种植2626棵，2025年乔木种植2984棵，重点围绕村庄主入口、闲置空地、拆违腾退地、废弃荒地等四类重点区域实施生态提质工程，系统开展植被补植、景观优化等绿美提升行动。同步构建长效管护机制，严格执行“三分种七分管”养护标准，组建专业养护队伍、青年志愿者服务队等对树木进行精细化管护，确保苗木成活率达95%以上。点面结合的生态治理模式，有效提升了乡村生态品质和人居环境质量。

（四）扶持壮大村集体经济，着力推动农文旅全面发展

2023年金町村创造集体经济收入24.6万元，2024年创造集体经济收入30.3万元，2025年至今创造集体经济收入20.2万元。一是大力发展文旅产业，聘请农村职业经理人郑春霖，培育“二月里”“菩提谷”等三十多家餐饮民宿，深度挖掘本地传统美食，通过盘活农家乐、网红餐饮店等

多元经营模式，实现月营收约500万元，创造215个稳定就业岗位，吸引众多人员返乡下乡创业。二是扎实夯实农业基础，发展粮食生产，种植水稻、番薯、花生、荔枝等丰富多样的农产品，充分发挥“百千万工程”乡土专家的专业优势，为农业发展提供有力技术支持，并借助微信朋友圈、抖音等新媒体平台拓宽销售渠道，形成具有一定经营规模和市场竞争力的特色产品。三是联合多方力量，携手汕尾职业技术学院开展“双百行动”校村共建项目，计划整合学校电商运营等专业及人才资源，为金町村发展赋能增效。

三、未来发展规划

金町村村史馆

金町村将贯彻落实好实施“百县千镇万村高质量发展工程”“明珠系列”行动各项工作部署，勇担使命、真抓实干，在产业发展方面，加快推进千禧福食品加工厂的重点项目运营投产，延伸打造海产品产业链，做大做强渔业产业经济。完成金霞光国家级森林公园一期、华师二期、大学城南侧征收工作，以配套打造金町湾滨海旅游度假区为着力点，打造综合文旅休闲产业发展模式，与金町湾产业形成互补，提供休闲娱乐设施以及妈祖公园、白沙浮本地文化体验项目。金町村现有三十多家餐饮民宿，通过对企业进一步加强管理，借助旅游度假区的游客热潮，深挖本地资源发展潜力，将具有的历史、民俗、艺术等文化特色融入到景区旅游产业中，将景区打造成为旅游网红打卡点，借此契机为村民拓展更多就业岗位。

马宫街道长沙村

以高质量党建引领高质量振兴发展

一、基本情况

长沙村地处马宫街道东翼，长沙湾出海口，地域面积约3平方公里，厦深铁路、深汕高速公路穿村而过，水陆交通便利，地理位置优越。长沙村现下辖7个自然村3个村民小组，共有830户3888人，常住人口1238人。村“两委”干部7名，中共党员80名。长沙村拥有丰富的自然资源、文化资源、历史资源，村内有古炮台、鹭鸟天堂、农会旧址、百姓大舞台等美丽景观。近年来，长沙村全力实施乡村振兴战略，着力推进百千万工程落地见效，取得阶段性成果。村容村貌村风焕然一新，村风民风彰显文明，先后荣获“广东省卫生村”“广东省宜居示范村庄”“广东省‘妇女之家’示范点”“广东省民主法治示范村（社区）”等称号。2024年，村集体经济收入达124万元，连续三年突破百万元。

二、主要做法和成效

（一）坚持党建引领，建强“头雁队伍”

1. 认真贯彻落实基层党建三年行动计划。强化政治引领，严格落实“一岗双责”，切实增强“四个意识”、坚定“四个自信”、做到“两个维护”，把党的领导贯穿街道工作各方面全过程。加强组织建设，优化设置了村（社区）6个基层党总支、1个党支部，设置村（居）民小组党支部15个、党小组10个，基层党组织堡垒进一步强化。激发党员担当作为，开展“亮身份、做承诺、见行动”等活动，将优秀党员推选为“两委”班子，新一届党组织委员大专以上学历较上届提高100%、平均年龄较上届年轻4岁，干部队伍精气神进一步提升。同时坚持把党建工作与业务工作同部署、同落实、同检查、同考核，完善“四议两公开”、主题党日等制度，切实把广大党

长沙村观鸟天堂

员、干部、群众思想行动统一到党组织安排部署上来。

2. 深化党建引领基层治理。构建“1+6+N”基层社会治理工作体系，组建“一约六会”群众自治组织，实施“民情地图”智慧网格管理，推行“四议两公开”、议事协商等制度，发挥榕树下的“议事厅”和“夕阳红”志愿服务队作用，解决群众急难愁盼问题43个，化解村内大小矛盾纠纷12起，实现事件化解率100%。依托“入户联心”等活动，发动港澳乡贤捐资捐物15万元，号召乡村工匠、园林工人、家庭妇女等600多人次积极参与“三清三拆三整治”、绿美生态建设、房屋风貌提升等各项工作，累计植树4000余棵，打造“四小园”54个、巾帼林等示范林5处。号召广大村民积极配合支持银珠公园大门、炮台周边农房、长沙夜雨戏台等多项拆迁工作，自觉落实“门前三包”责任制，实现扫净自家“门前雪”，共管村内“瓦上霜”的转变。

（二）把握帮扶机遇，打造美丽宜居的乡村新貌

1. 持续推进农村人居环境整治。长沙村结合典型村培育工作的开展，加大“三清三拆三整治”工作力度，对全村存量危旧房进行再核查，梳理待拆除危旧房88栋，已拆除58栋。以前期乡村振兴建设项目为基础，继续加大投入资金，对次干道两侧外立面进行美化，形成一片特色外立面，完成农房风貌提升195间。制定长效管护机制，巩固整治成果，打造生态宜居、整洁有序的乡村新貌。

2. 推动乡村振兴示范带提质升级。长沙村以实施“百千万工程”为重要抓手，依托“蚝情万丈”示范带和长沙湾海洋牧场经济带建设有利契机，借助中铁帮扶力量，结合生蚝养殖与白鹭栖息地域特色，挖掘乡村美感和亮点，深度整合盘活村内“红蓝绿古特”资源，对原有景观进行升

长沙乡村图书馆

四季研学园

级改造，在乡土文化的基础上提升审美情趣，于2024年打造了长沙炮台、鹭鸟天堂、长沙夜雨、银珠公园等多个节点项目。打通炮台与沈海高速长沙湾服务区通道，在长沙炮台周边导入咖啡业态，将古建活化与咖啡时尚碰撞融合，吸引过路游客停留驻足，边品尝咖啡，边了解“海防文化”。实现乡村发展由“建设”向“运营”转变。

（三）强化集体资源管理，激发改革活力

1. 推进农村集体“三资”规范化管理。对片区内蚝塭进行全面排查，清掉一批不规范合同，重新将1510.5亩蚝塭上到“三资”平台统一管理，面向养蚝能手（专业合作社）公开招标，蚝塭承包租金从5年前的每亩300元涨到了每亩2200多元，实现了7倍多的增长。高效盘活农村闲置资源，发动村民积极参与土地流转，有效盘活撂荒、闲置土地760亩，大力发展生蚝、鱼、虾等特色养殖，实现年产量45万公斤，总产值约1850万元。

2. 盘活乡村闲置房屋资源。积极对接海外乡贤，争取四季园洋楼别墅和9栋民宿别墅的使用权，盘活发展“民宿+”经济，让“闲散地”变身为“聚宝盆”。通过对9栋别墅进行统一规划运营，每月可容纳超2000名游客入住，同时带动在外居住的村民们参与民宿业态发展，进一步盘活村内长期闲置的老房子、空地，增加额外收入，成为研学旅游、休闲度假体验中的重要一环。

（四）引入社会资本，创新运营模式

深度挖掘长沙村丰富的绿色生态、红色文化和村史底蕴资源，招引乡贤回乡创业，引入社会资本“挪咖公社”参与整村运营打造。创新推行“国企＋合作社＋整村运营”模式，由区属国有企业（汕尾市城市运营投资有限公司）负责银珠公园周边及珠园农庄的业态打造，中铁集团协助部分节点项目的施工建设，在此基础上，成立强村公司，与佛山挪咖公社签订整村运营合作协议，约定项目纯利润的20%归长沙村集体，若纯利润的20%不足30万元，由挪咖公社兜底支付30万元给长沙村，形成多方助阵格局，推动长沙村从“农村建设”向“农村运营”、“政府输血”到“乡村造血”的转变。

长沙湾服务区

（五）以养殖业为主导，发展壮大多元产业

1. 发展壮大蚝经济。规范化管理蚝塭资源，蚝养殖面积约800亩，每亩产量2200斤，年产量约880吨，年产值可达2亿元。

2. 发展舌尖经济。开办农家乐（餐饮）3家，其中珠园农庄打出“全蚝宴”特色招牌，以“蚝门九式”吸引游客前来品尝，吸引大量游客来长沙品尝“长沙蚝”“血鳝”等独特风味，2024年带动营收300万元。

3. 发展交旅经济。打通炮台与长沙湾服务区通道，在长沙炮台周边导入咖啡业态，将古建活化与咖啡时尚碰撞融合，吸引过路游客停留驻足，边品尝咖啡、边了解“海防文化”。自国庆试运营以来，炮台咖啡日均接待游客3000人次，周末日均超1万人次，日营业额5000元，带动村民就业12人。

4. 发展“研学经济”。依托长沙农会旧址、马宫红色印记馆等红色资源，打造户外研学场所，每年瞻仰革命旧址、感受红色历史游客超10万人次。目前，长沙村与汕尾市青少年实践培训基地以及盐町头小学等3所学校达成合作协议，并与多家旅行社、夏令营深入对接，拟签订《长沙村红色文化研学项目合作协议》，提供导览、讲解、住宿等服务，预计每年可为村集体经济带来收益30万元以上。

三、未来发展规划

长沙村将紧密围绕习近平新时代中国特色社会主义思想，以更高站位、更宽视野、更实举措，全方位推动乡村振兴战略深入实施，在完善基础设施、丰富乡村业态、优化游客服务、落实村庄保洁等方面持续发力，为汕尾城区建设发展添砖加瓦。

长沙村古炮台

（一）完善基础设施，筑牢发展根基

长沙村将全力推进交通网络畅通工程，优化村内道路系统，提升标识导览水平。同时，将持续优化公共服务，新建公共停车场，改造公共厕所，并加强供水、供电、通信等设施的建设和维护。此外，将重点补齐民生短板，建设集多功能于一体的村级文化活动中心，提升村卫生站服务能力，改善基层医疗卫生条件。

（二）丰富乡村业态，激发内生动力

长沙村将深化农旅融合，创新开发沉浸式项目，打造特色水果采摘园，支持农家乐提档升级。同时，壮大民宿经济，引导村民盘活闲置农房，打造精品民宿集群，提升服务品质。此外，将繁荣夜间经济，打造特色夜间休闲街区，营造魅力乡村夜生活氛围。

（三）优化游客服务，提升体验品质

长沙村将健全服务设施，科学规划建设游客服务中心，优化村域导览标识系统，建设智能化旅游服务平台。同时，强化人才培训，打造专业高效的乡村旅游服务队伍。此外，将规范市场秩序，成立旅游市场监督小组，保障游客权益。

（四）落实村庄保洁，守护生态底色

长沙村将建强保洁队伍，优化配置专业保洁力量，实现村域保洁全覆盖、精细化、常态化。同时，深化垃圾治理，健全垃圾收运处理体系。此外，将健全监督机制，完善村规民约，建立环境卫生定期检查、评比、通报制度。

长沙村将以“功成不必在我”的精神境界和“功成必定有我”的历史担当，锚定目标，真抓实干，奋力打造产业兴、生态美、乡风好、治理优、百姓富的乡村振兴示范样板，为汕尾城区高质量发展贡献坚实力量。

红草镇晨洲村

好山好水“蚝”风光 打造“蚝情万丈”旅游特色村

一、基本情况

晨洲村位于长沙湾南畔，红草镇西北部，周边水路交通便利，是“碧海蚝情”连线成片示范片区的重要支点。晨洲村的陆地积约为0.45平方公里，海域养殖面积约1.8万亩。全村现有户籍人口1630人，下辖6个村民小组，常住人口约1200人，党员56人。世居村民均为黄姓宗亲，村民依托着天然的海水资源，勤劳讨海，世世代代以养蚝为生，出产的晨洲蚝以“肥、嫩、鲜、美”而享誉四方，有“养蚝之乡”美称。晨洲村先后获评“中国美丽休闲乡村”“国家3A级旅游景区”“广东特色产业名村”“广东省文化和旅游特色村”。晨洲蚝也凭借“肥嫩鲜美、酥甜无粕”的优良品质畅销市场、供不应求，价格从原来的40—50元/斤攀升至现在的80—90元/斤，养殖蚝塭承包租金从原来每年300元/亩提升至2222元/亩，实现了7倍多的增长。2024年，晨洲村实现蚝产值约6.31亿元，村集体经济收入约150万元，实现蚝业增效、蚝村富裕、蚝民增收。

近年来，晨洲村大力实施“百千万工程”，聚焦典型村培育工作，全力打造宜居宜业和美乡村。因地制宜发展蚝产业、打造蚝文化、做好蚝文章，全力推进晨洲蚝业生态园建设和国家4A级

晨洲风景区入口

晨洲游客接待中心

晨洲村全景图

旅游景区申报工作，推动养殖生产、精深加工、休闲观光旅游一、二、三产业融合发展，全面推动乡村振兴。

二、主要做法和成效

（一）绘好“本底本色”，坚持党建引领蚝产业

晨洲村坚持以组织振兴统领乡村振兴发展，不断加强基层党组织规范化建设和组织力提升。建强“堡垒”，形成1个党总支部、3个党支部、6个党小组“1+3+6”落棋布局基层组织体系，设置“党员商铺”“党员蚝田”“党员志愿岗”。同时，坚持“发展出题目，改革做文章”，围绕“5+2”农村综合改革、壮大新型农村集体经济“六大经济”等改革路径，勇探索、强攻坚，推动蚝产业越来越旺、蚝农生活越来越好。

1．产业规模做起来。壮大蚝农队伍，实施“能人带动”改革模式，将养蚝能手、返乡人才推选进入“两委”班子，建立“1+8党员带群众”包户机制，掀起“全村一起来养蚝”热潮。构建“1个蚝业生态园+12家蚝业发展有限公司+N名党员养殖户”的产业发展模式，打造“晨洲蚝”特色品牌，推动蚝产业养殖生产、精深加工、休闲观光旅游一二三产业融合发展。推动蚝田连片，实施“盘活资源”改革模式，清理农村集体经济不规范合同56份，整合流转1200亩承包期满鱼塭、虾池建设养蚝基地，鱼塭承包租金从原来每年300元/亩增至2222元/亩。破解蚝农融资难题，深化农村金融改革，为蚝农量身打造“蚝情e贷”特色金融产品，累计授信贷款7000多万元。促成“抱团”发展，大力推进“三变”改革、村企联合，科学整合12家产品加工作坊，成立汕尾晨洲

蚝业协会和广东晨洲蚝业发展有限公司，变单户浅养捕捞为“公司＋基地＋股民”发展模式，实现产业从粗放分散到科学集约的转变。

2. 产业链条强起来。推进养蚝技术革新，先后与仲恺农业工程学院、南海水产研究所等多家科研院校建立合作关系。打造1500亩标准化生态立体养殖基地，开发水产养殖物联网系统，推广贝藻、贝虾套养等生态健康养殖模式，通过良种繁育技术使蚝苗产出时间提早2—3个月，孵化成功率高达80%—90%。填补加工产业空白，推进晨洲蚝业生态园建设，计划实施20个产业项目，吸引东方铭海、五丰等现代农业和食品加工公司汇聚落地，发展蚝预制菜加工产业，加工产品从蚝干逐步拓展到蚝油、蚝豉、蚝腊肠、蚝佛跳墙等，并开发出了牡蛎蛋白肽等保健品和医疗制品，有效实现从初级产品到精深加工的转变，极大促进了蚝业增效、蚝村富裕、蚝民增收。2024年实现蚝产值约6.31亿元，蚝农腰包越来越鼓、生活越过越好。

3. 特色品牌打出来。充分做足宣传文章，建立粤菜师傅培训基地和粤菜大师工作室，聘请“蚝门九式”品牌创始人“蚝爷”陈汉宗作为推广大使，邀请汕尾文人、书法家撰写诗歌、字匾、历史散文等，建立电商服务中心，打造晨洲蚝产品展厅、共享直播带货区等多个功能区域，推广蚝产品线上展销、生鲜物流等业务，并实行“粤菜师傅+农餐对接”模式，构建蚝业公司与乡村合作社订单化养殖、定期上门收购的稳定供应关系，全面拓宽销路、打响品牌。晨洲村获评“淘宝村”，蚝产品通过各类电商平台火热销往珠三角、香港等地甚至出口海外，实现从“土特产”到“名品牌”的转变。

（二）瞄准“创新发展”，演绎农旅融合新业态

坚持以“蚝”促旅、以旅兴“蚝”，盘活乡村旅游“一池春水”。晨洲村以“党建+村庄规划+产业发展+生态观光+蚝文化推广”的创新融合共建方式，按照筑牢生态本色，汇集山、田、江、鸟多元场景，激活产业灵魂，绘就蚝乡美景的设计理念将全村划分为生活居住、万亩蚝田和湿地观光三大功能区。

以“蚝情万丈”“黄江画卷”乡村振兴示范带及“碧海蚝情”连带成片示范片区建设为抓手，对全村人居环境及基础设施进行改造提升，完成了道路及环境综合整治、村巷道升级改造和硬底化、村庄绿化美化亮化、污水终端处理建设和自来水管网升级改造建设等项目；建成党群服务中心、村级卫生站、老人活动室、应急救援站等公共服务设

万亩蚝田

施；因地制宜、突出特色打造观鹭台、特色蚝壳墙、蚝文化长廊、明月湖、蚝文化主题公园、音乐喷泉等20多个景观节点；有序推动150间农房风貌提升，邀请广州美术学院绘制大量“蚝乡”特色壁画。把蚝养殖文化与乡村旅游有机结合，逐步建成一个设施完备、功能多样的观光园区，打造成为白鹭与蚝民、游客和谐共处的乡村旅游点。此外，创新举办四届晨洲蚝文化节，引导返乡青年和村民群众开办“小岛蚝情”餐吧等特色专店，吸引各地游客前来村庄打卡和品尝“蚝”美味，实现了由单一养殖到三产融合的转变，生动演绎“美丽风景”向“美丽经济”蝶变的幸福图景。

（三）紧扣“五治一体”，打造惠民利民新格局

加强基层党建引领基层治理，健全乡村共治、自治、德治、法治、善治“五治一体”基层治理格局。

1. **发挥基层战斗堡垒作用。**完善村级重要事项、重大问题经村党组织研究讨论机制，全面落实“四议两公开”制度，制定“小微权力清单”，加强对6个党（村民）小组的“兜底”管理。

2. **强化自治监督。**建立村民议事会、道德评议会、禁毒禁赌会、红白理事会等“四会”群众性组织，成立矛盾纠纷调解队、急难险重突击队、便民利民服务队等队伍，提高共治水平。

3. **用好优质党建资源。**充分发挥驻村第一书记作用，走村入户访民情、察民意，凝心聚力抓党建、谋发展、促治理，切实把党的政治优势、组织优势转化为基层治理效能。7名村“两委”干部“入网知心”，找准居民群众的“急难愁盼”；39名党员“联户交心”，联系服务251户，当好“十员”标兵，履行党员责任岗，成为乡村治理的助动力。

4. **全面提升乡村治理水平。**晨洲村党总支部书记担任基层治理“全科网格”中网格长，以网格化管理、数字化赋能、精细化服务为抓手，绘制用活“民情地图”，完成“雪亮工程”建设，打造可视化治理体系，逐步形成“小事不出村”的良好态势。驻村法律顾问依托新时代文明实践站开展法治宣传，设立道德红黑榜，弘扬和践行社会主义核心价值观，推动大操大办等移风易俗突出问题专项治理，促进德治和法治有机融合。村“两委”干部担任创建“无毒村”领导小组成员，深入开展“五个不发生”“六个一标准”的“无毒村”创建，为汕尾市创建全国禁毒示范城市贡献基层力量。

晨洲村蚝文化展示馆

蚝文化长廊

三、未来乡村振兴发展主要规划

（一）以生蚝养殖为核心，构建新型产业链，实现多元化经营

围绕重点项目构建乡村产业链，以海水养殖产业为基础，形成规模化、科学化的生蚝渔业生产基地，优化产业结构，发展生蚝、渔业深加工，实现传统产业的转型升级，提质增效；结合一、二产业，大力发展旅游、民宿、美食、文创、康养等衍生产业，让吃住行游购娱共同发展，打响晨洲产业品牌，实现产业兴旺，生活富裕。

（二）摸清村庄文化要素，构建文旅特色

深入挖掘、整治提升自然景观与地域人文、乡风民俗等宝贵资源，促进观光式旅游景观与体验式旅游景观融和推进；提炼乡村特色景观元素，将生蚝、白鹭、古榕、老井、山水、花果、蚝田、宗祠、庙宇等元素融入景观空间中。

（三）维育山水资源，复合多元休闲游娱项目

晨洲村外部四面环水通江达海，内部池塘、河流等水资源丰富。通过科学规划在营造山环水绕、水清岸绿的景观同时增加环岛慢行系统、滨水步道、亲水平台、湿地栈道、水中岛、湖中亭、垂钓台等多样体验空间，让晨洲岛因水而美，因水而活，因水而神秀，打造长沙湾最耀眼的明珠。

（四）提升公服配套设施，打造功能齐全的旅游景区

通过加强旅游资源保护和开发，设计衣、食、住、行、游、购、娱等特色旅游产品，提升乡村旅游的品牌形象，吸引更多的游客前来参观和旅游，增加村民的收入来源。

红草镇新村村

党群联心多措并举 共绘新村红绿画卷

一、基本情况

汕尾市城区红草镇新村村位于红草镇西南部临海长沙湾畔，辖区范围约2.5平方公里，海岸线约为1公里，属于特色保护类村庄。户籍人口1218人，总户数245户，设有1个党支部，现有“两委”干部5名，“两委”交叉率100%。村内自然资源主要有海产资源及荔枝、龙眼、黄皮等特色农产品，通过发包鱼塭，集体收入超过80万元。近年来，新村村重点发展“休闲农村观光+红色文化教育”，依托中铁助力等项目建设打造海陆丰建筑博物馆、何香凝掩蔽处（成兴大院）、杨小岳烈士故居、杨捷江烈士故居等红色展馆，充分发挥自身红色底蕴优势，将绿色生态资源与红色文化资源相结合，谋划文旅融合发展新模式。

新村村全景图

二、主要做法和成效

近年来，红草镇新村村深入贯彻落实省委“1310”具体部署，紧紧围绕市委、区委关于“百千万工程”部署要求，把聚焦高质量发展作为首要任务，发挥绿色生态资源、红色文化资源等优势，扎实推进村集体经济发展、绿美生态建设等工作，积极探索党建引领农文旅融合发展振兴路径，推动建设宜居宜业宜游的和美新农村。2023年入选广东省“百千万工程”首批典型村名单。

（一）兴产业促增收，盘活资源壮大集体经济

充分利用新村村丰富自然资源的优势，推行以村党组织为核心、合作社+农户为驱动的“一核双驱”模式，因地制宜发展特色种养殖业，全力推进农村集体“三资”管理提质增效行动，高质量高效盘活新村村集体闲置资源资产，促进村集体经济增收。2024年初，新村村公园前鱼塭通过镇“三资”平台完成招标，每年为村集体经济收入增加约76万元。

新村村文明实践中心

（二）定方案明目标，以点带面打造绿美乡村

新村村按照“一村一图”工作要求，组织党员干部全面摸底排查“五边”“四旁”的现有绿化、补绿面积、苗木需求等情况，通过实地走访、入户听意见、召开恳谈会等形式，听取党员、群众代表、外出乡贤对村内的绿化建议，以此为基础形成《新村村生态建

新村村月眉池

设地图》，以点带面推动全域绿化，持续推动村貌增“颜”提“质”。2024年以来，种植乔木和灌木共971株，打造了完成村级绿美示范园新村公园、绿美示范街月眉池栈道。

（三）挖资源显特色，文旅融合发挥红色效应

以发展“休闲农村观光+红色文化教育”为目标，深度开发红色旅游资源，打造新村房车基地，建设月眉池、同心桥、新村公园、何香凝掩蔽处（成兴大院）等景观节点，开展“千场党课下基层”“打卡红色教育基地”等红色宣讲活动，建成集红色文化教育、古村落观光、农业休闲等综合功能于一体的红色旅游村，通过以“红”促旅，带动乡村振兴。2020年以来，接待参观游客20000余人次。

新村村村容村貌

（四）优服务暖民心，联点访户共建和谐新村

新村村坚持以群众的安全感、获得感和幸福感作为落脚点，统筹整合全村“两委”干部、基层党员、驻队工作组等合计18人，以“一张网、全覆盖、心连心”为工作标准深入开展“入户联心”活动，常态化询问了解所联系群众的生产生活状况、急需解决问题、反映诉求建议等情况，主动为群众宣传政策，实现所联户具体情况动态及时、全面掌握。2024年以来，新村村累计走访83户群众，宣传“垃圾分类”“以旧换新”“应征入伍”等政策76场次，解决群众急难愁盼问题36个，收集意见建议41个。

三、未来发展规划

新村村将聚焦党建引领新型农村集体经济高质量发展，发挥党支部的战斗堡垒作用，迅速动员党员干部把思想和行动统一到区委、区政府的决策部署上来，全力推进“百千万工程”各项工作争先进位、走在前列。

（一）壮大乡村富民产业

借助乡村振兴“连带成片”示范片区建设契机，进一步盘活闲置资源、整合土地资源，发展规模产业，增加村集体经济收入。

（二）推动红色资源与绿色生态融合发展

拓展红色旅游富民功能，依托绿水青山、田园风光、乡土文化、红色资源、产业基础等，打造特色鲜明的乡村游、红色教育研学游等优质旅游产品，努力做大做强“红绿结合”文章。

（三）广泛动员社会力量参与建设

发挥好乡贤、企业、在外学生的作用，广泛听取意见建议，把好经验、好办法引进来，积极为家乡发展建言献策。

东涌镇宝楼村

振兴宝楼村 激活农村发展新活力

一、基本情况

（一）宝楼村简介

宝楼村是东涌镇15个行政村之一，位于东涌镇东北部，距东涌镇人民政府7.4公里，东面连接海丰县赤坑镇，是一个城区中心比较边远的山区村庄。辖区面积约12平方公里，属于亚热带气候，生态环境优越，气候宜人、山清水秀。城区第一大水库——宝楼水库，穿境而过，土地肥沃。全区第一高山——羊牯岭（属南粤古驿道），雄踞宝楼村，是一道天然屏障，植被面积达到90%以上，海拔约560米，是众多登山爱好者首选之地。

（二）人口资源

全村在村户籍人口2194人，总户数398户；现常住人口300人左右，主要是老人、小孩及从事种植业的村民。全村95%以上的人口外出。耕地面积900亩，以梯田、山坡地为主，主要种植蔬菜、水稻、花生及瓜类；果林种植面积3000多亩，主要种植荔枝、龙眼、青梅。村有集体农场2个（架都哑场、倒楼农场），集体荔枝园三片（后底埔榄仔园、公埔上片、公埔下片），场园主要种植荔枝、龙眼。“凤山红灯笼”荔枝是宝楼村的特色产业，在城区荔枝品种中更是一枝独秀，享有盛名。宝楼姜在市场较有名气，年约种植100亩；山林地面积1.6万亩，水资源丰富，主要河流（山坑）4条，汇流入宝楼水库。宝楼村自古便有“金宝楼银大化”及“鱼米之乡”之称号。

（三）历史文化

宝楼村原名倒流村，“倒流”的命名有两个说法：一种说法是北半球的江水河水一般都是自西向东流，但倒流村前有一条小溪却自东向西流，出现“倒流”的现象。还有一种说法则是，这里的河流（淡水）自北向南流入品清湖，涨潮时，海水倒灌，良田被淹，故取名“倒流”。后来村名雅化，因“倒流”与“宝楼”谐音，将“倒流村”改名为“宝楼村”。

宝楼村航拍

（四）乡风民俗

明正德年间（1506—1521年），曾姓从福建漳州迁此定居。因村后有座小山丘，形状似鼓，取名鼓山；又因后山有座古刹，名宝楼庵，故又名宝楼。宝楼村现存古建筑有曾氏祖祠、古民居等10余座。其中，曾氏祖祠始建于清乾隆二十六年（1761年），是汕尾市城区文物保护单位。宝楼村的传统民间艺术有白字戏、正字戏、西秦戏、汕尾渔歌等。每年农历正月初十至十五期间，宝楼村会举办一年一度的“大闹热”民俗活动，包括游标、舞龙、舞狮等表演。

汕尾农商银行推出“荔农贷”助力宝楼荔枝产业发展

（五）集体收入途径

目前，宝楼村集体经济收入主要来源是该村的3个集体农场，包括真仔埔场、林场、架都哑场，主要种植荔枝、龙眼。3个农场于2015年通过招投标承包给私人经营，每年收取租金1.15万元作为村集体经济收入。汕尾市城区恒德机电设备厂是本村村民独立经营的一家企业，于2011年在本村成立注册，主要经营范围机电设备、电子设备、五金加工。村集体与该厂签订项目投资合作协议，按照“村集体+企业+农户”的利益联结形式运行，实施投资收益、农户获利的联合工作机制，实现从2022年开始为村集体经济每年增加4万元的直接收益。

二、乡村振兴采取的主要措施

（一）坚持党建引领，把产业振兴放在首位

突出党支部在发展村集体经济中的示范引领作用，通过村集体领办、党员和致富能手示范创办等措施，引进技术人才，大力发展高端葡萄农业产业园。采取“村党总支+”模式，整合土地资源，由村党支部牵头，村股份经济合作社统一管理，村“两委”干部“一拖二”（“一拖二”即由一个村支部委员或村干部，带动两名党员，包一个产业大棚，负责日常管理、集体劳作）包棚的方式进行日常管护运营，并配备专业技术人员长期住园管理。充分发挥党员干部带头作用，增强积极性责任心，增强群众对集体产业的信心。

（二）转变发展方式，多措并举盘活农村经济

围绕带动农民增收，引导合作社在提供精细化管理、专业化服务上下功夫，帮助群众改良荔枝、龙眼等种植品种、掌握现代技术，提高产品质量和价格。探索建立村级区域公共品牌，搭建信息、服务和创业三个平台建设，通过电子商务打开当地农特产品大市场，让村民足不出户把产品销向全国，激活乡村市场、盘活乡村资源，为促进农业增效、农民增收、农村稳定奠定坚实基础。

（三）拓宽增收渠道，建立健全利益联结机制

建立合理收益分配机制，盘活集体和群众闲置资产，把小农户个体利益与集体利益紧密结合，将集体资产进行股份制改造，村集体将可以投入的资产或惠农项目，通过入股合作的方式形成长期收益、持续发展的增收模式，用活经营权、把牢所有权，按一定比例进行折股量化分红，使村集体、村民和贫困户、残疾人等特殊群众增收有渠道、收益有保障，不断壮大村集体经济收入。如，宝楼村以发展生姜特色农业为思路，以开拓优质农产品为目的，积极引进汕尾市珩品行农业发展有限公司，建立“公司+农户、基地+工厂、订单+销售、电商+市场”的运营模式，企业与周边农户签订农产品订单合同，降低农户种植风险，增加农户收入。

（四）推动示范带建设，探索农文旅融合发展

依托宝楼自身资源优势，因地制宜发展荔枝、生姜等特色优势主导产业，进一步打造荔枝、生姜产业链条，打响地方特色农产品品牌，促进农产品转型升级和一二三产业融合发展。以乡村旅游撬动乡村振兴持续发展，当前，以南粤古驿道、荔枝馆为重要节点的花果原乡乡村振兴示范

带已初具规模，以乡村体验、研学旅游、休闲农业、红色教育于一体的乡村旅游精品路线正在逐步完善，持续深耕本土特色、探索农业三产深度融合、打造“文化+颜值+气质”的3.0乡村谋划也提上了城区东向农旅乡村振兴示范带的发展日程，加快推进“两山”转化。

宝楼荔枝直播

（五）加大政策扶持力度，确保村级集体经济健康发展

1. 转变财政扶持方式。探索将财政扶持资金转换为资本金入股经营的机制，整合现有的现代农业发展资金、农田水利设施建设补助资金、扶贫资金等各类扶持资金项目，集中财力支持村级集体经济发展，放大财政资金促进集体经济发展的效应。

2. 加大结对帮扶力度。建立党政机关领导和干部联系帮扶责任制，加强与高校、科研机构对接，把人才、资金、项目、技术、信息等资源导入农村，帮助其理清思路，联系帮扶资源，落实帮扶项目，推动村级集体经济发展。

三、乡村振兴取得的主要成果

2011年9月，汕尾市碧泉农业开发有限公司成立，公司采用“公司+合作社+基地+农户”的经营模式，自成立以来与汕尾市东涌镇宝楼村和品清横岭山农户、城区泽辉合作社、省农科院果树研究所等科研单位建立长期技术合作伙伴关系，并建立了“凤山红灯笼荔枝”新品种示范基地，也是省农科院果树研究所的成果转化基地。所生产的凤山红灯笼荔枝，分别于2012年10月、2015年、2018年连续三届获得“广东省名牌产品证书”，2017年该品种荣获广东省金奖。2019年被评为汕尾市农业龙头企业。

2017年，汕尾市珩品行农业发展有限公司成立，该公司一直致力于宝楼村生姜产业的发展，实行农户种植，收购，深加工，研发；结合线上线下推广销售模式，以传统工艺打造属于汕尾市本土农特产品品牌，与周边农户签订农产品订单合同，减少农户种植风险，稳定和增加农户收入，助力脱贫。

2020年1月6日，宝楼村举办宝楼农产品助农收购签约仪式。仪式上，汕尾市国泰食品有限公司与宝楼村民委员会签订助农收购协议，签约认购金额达10.5万元。国泰食品有限公司是帮扶宝

宝楼荔枝馆

楼村脱贫创收的合作伙伴，已连续4年保价收购宝楼姜、荔枝等优质农作物。国泰食品有限公司与宝楼村民委员会签订助农收购协议，全面收购宝楼姜，利用品牌影响力，为宝楼农产品代言，提升宝楼农产品曝光度与知名度，促进宝楼村农产品产业发展，带动了宝楼村农户创收。近年来，宝楼村按照“抓项目、打品牌、拓市场”的思路，大力发展荔枝、生姜等特色优势主导产业，引进荔枝加工企业，采用合作的方式进行荔枝加工、产品包装，充分发挥“互联网＋”的作用，每年在荔枝馆开展城区荔枝网上暨名特产品直播带货节，以线上推广和线下销售结合的模式，有力促进农业增效、农民增收、农村发展。

四、乡村振兴代表性事迹材料

（一）红色文化引擎凝聚发展动力

为了让该村的红色资源“活”起来，近年来，东涌镇科学把握宝楼村域特色、民俗风情、文化传承、历史脉络和村情民意，借助乡村振兴的契机趁势而上，创新推出“党建+”荔枝馆、党建公园“大榕树下讲红色故事”、党员示范田等，推动宝楼旅游示范点建设，逐步形成了“红色+古色”的文旅融合路子，传承革命精神，让古村落焕发新生机。

（二）生姜金招牌加快推进乡村振兴

宝楼生姜，因外形肥大、姜瓣粗壮、姜味浓郁、辣劲足等特点而闻名遐迩，广受消费者好

“金宝楼”公共品牌发布会暨宝楼香姜收购仪式

评。长年以来，生姜在种植过程中易发姜瘟病，轻则减产，重则无法收成。为解决这一问题，在镇委的牵线搭桥下，该村党支部与区委党校结对共建了一块近6亩的“党员试验田”，以“科技+良种+园区”为发展模式，通过农技专家指导、先锋党员示范、农户争先创优，改善了土壤的理化性状，科学引进防治病、虫、草害等种植技术，把三四年“轮种”模式升级为每年“连种”模式，提升种植产量，确保姜农增产。同时，积极做好招商引资工作，通过走出去、引进来，引进了姜立方农业食品有限公司，除了农户自行销售、镇村二级销售、互联网预售等方式外，还由食品公司兜底收购，确保姜农种植无忧、销售无忧，实现姜农增收。

（三）打造绿美生态新宝楼

宝楼村深入实施“绿美汕尾”生态建设，把生态文明建设融入乡村建设全过程、各方面，并以海拔560米的城区第一高山——宝楼山的绿色资源作为底色，打造绿美新宝楼。为吸引更多游客前往游玩，投资近600万元建设长达4公里的南粤古驿道，方便游客出行。同时，结合特色产业，打造宝楼村荔枝公园，推进全村溪流碧道工程及水库

羊牯岭杜鹃花开的盛景

岸边建设，打造休闲散步观光长廊，开发村对面“大石部公”奇景，打造全民婚纱摄影基地……此外，还以做强服务性产业链，带动旅游为抓手，积极发动村民扩大生姜、红萝卜、香菜种植面积，鼓励更多村民发展酿造纯米酒、家养蜂蜜、荔枝园圈养草鸡等家庭式产业以及擂咸茶、农家乐民宿等服务性产业，带“活”村经济产业，提高村集体经济效益。

五、未来乡村振兴发展主要规划

（一）突出党建引领，加强村委班子作风建设

加强宝楼村“两委”干部间的工作沟通，完善各项工作制度，进一步明确村委工作责任分工，增强班子的凝聚力、战斗力和创造力，促进干部间高效配合。

（二）加强禁毒和森林防火常态化排查工作

定期和不定期组织干部、驻村民警、网格员进行分段分点地毯式排查，争取上级资金支持，架设重要路口闭路监控。落实森林巡查员巡查工作，修建防火路，在重要节点加强管控和宣传，争取无人机配合进行工作，备好防火物资，做好防火前期工作。

（三）打造宝楼特色品牌，形成村集体经济特色产业链

荔枝和生姜作为宝楼村的特色种植作物，是不少宝楼村民赖以生计的经济来源，为打造宝楼特色品牌，形成村集体经济特色产业链，对接好宝楼村荔枝和生姜的收售工作，是宝楼村村委会的重要任务之一。因此，要提升产品品牌形象，申请地理标志，拓宽合作社的发展模式，拓展销售渠道，提高产品销路。同时，利用“山清水秀”的自然资源，充分挖掘独有的青铜历史文化资源，依托现存完整的古驿道，通过红色革命遗址保护利用，推进东线“生态农旅”乡村振兴示范带建设，着力打造宝楼集吃、宿、玩、赏、逛、摘、购、学、养为一体的康养文宿文旅产业，成为全市美丽乡村“世外桃源”。

（四）加强培训，完善治理制度

加强村干部的培训和教育，明确村委会成员的权责，建立村务公开和监督机制，提高决策透明度，加强法治建设，制定相关法规和政策，规范村务治理工作，维护村民的合法权益，提高村干部管理和决策能力，确保村务工作高效有序运行。

东涌镇新民村

蓄势赋能强根基 活水兴村促振兴

一、基本情况

新民村位于汕尾市城区和红海湾经济开发区之间的核心衔接地带，距城区高铁站6.2公里，交通网络发达，地理位置优越。村域涵盖步美、建茶2个自然村，现有756户，总人口3545人，常住人口1242人。辖区总面积492.16公顷，其中耕地面积78.79公顷，土地平整肥沃，水资源充沛，山水林田湖草等自然资源丰富。村民以种植优质水稻、地瓜等农作物为主，农业基础扎实。

近年来，新民村紧抓“百千万工程”发展机遇，深度挖掘整合村内红色文化资源和绿色生态资源，大力发展休闲农业与乡村旅游。成功打造了集园林艺术、生态观光、休闲度假等为一体的春绿洲休闲观光园，以及融合有机果蔬种植、现代农业展示、农业教育与实践的乐民农业研学基地等特色产业项目。这些项目有效激活了乡村资源，擦亮了新民村休闲农业和乡村旅游的新名片，为村集体和村民开辟了稳定增收渠道。2023年、2024年村集体经济同比增长均超30%，展现出强劲发展势头。

新民村航拍

二、主要做法和成效

（一）坚持党建引领，夯实组织基础

新民村紧跟省、市、区、镇工作步伐，坚持将党的领导贯彻到乡村振兴工作全过程。成立了乡村振兴工作小组并由党支部书记、村委会主任担任组长，全面发挥基层党组织战斗堡垒作用。依托工作小组，第一时间传达学习省市区镇关于最新文件政策的精神，统一党员干部思想，凝聚全村共识，营造“人人参与、共建共享”的浓厚氛围。强化头雁领航作用，提升村党组织书记“领头雁”作用和村“两委”班子整体履职能力。严格落实“三会一课”、组织生活会等制度，严肃党内政治生活，增强党组织凝聚力和战斗力。激发党员先锋动能，深化党员“亮身份、做表率”活动，在绿美生态建设、人居环境整治、土地流转等工作中组建“党员先锋队”“党员护绿队”，充分发挥党员先锋模范作用。

工作会议现场

（二）深化网格治理，筑牢平安基石

新民村深化“全科网格”治理模式，科学划分网格责任区，配强专职网格员队伍，将综治、应急、服务等职能整合下沉网格，实现“多网合一、一网统管”治理模式。充分发挥网格“前哨”作用，常态化开展矛盾纠纷和风险隐患排查，做到早发现、早介入、早化解，构建和谐稳定的村居环境。不断完善网格内应急响应机制，在防汛防风、森林防火、公共卫生等事件中发挥快速响应和协同处置作用，保障村民生命财产安全。

入户调查

禁毒排查

（三）厚植绿美生态，绘就宜居画卷

组织开展植树活动

新民村认真落实“生态兴村”战略部署，大力推进生态文明建设。自“百千万工程”“明珠一号”攻坚行动部署后，精心编制《东涌镇新民村绿美生态建设规划图》，明确“点、线、面”相结合的绿化美化布局。绿美生态建设工作开展以来，举办了“绿美生态建设企业乡贤座谈会暨绿美新民花木赠送”“‘3·12’植树节‘坟前一排树，子孙代代富’”植树活动等活动共计30余次，起草印发“绿美新民　你我共建”倡议书1000余份，累计发动乡贤、企业认捐35万元，累计种植凤凰木、香樟等2611棵，创建“四小园”小生态板块10个，全面激发村民爱绿护绿热情。同时，为做好绿美生态建设“后半篇文章”，积极发挥“党员护绿队”先锋模范作用，落实管护责任，常态化做好浇灌、施肥、修剪、防护工作，确保“绿有人护、责有人担、树有人管”。

（四）深入环境整治，擦亮乡村底色

以建设“干干净净、整整齐齐、长长久久”美丽乡村为目标，深入推进“三大革命”和“三清三拆三整治”行动。

在人居环境整治过程中，着力推动由“突击干”向“长效干”转变。通过压实网格化包片负责制，常态化开展村内清洁大行动，实现整治无盲点、无死角、全覆盖、长久净。累计清理村内杂草杂物500余处；清理池塘、沟渠等水域漂浮物、淤泥等各类水体垃圾30余吨；主村道、背街小路“三线”整治20处、电线杆3座；清理水沟并安装盖板300米；成硬底化道路0.7公里，其

开展人居环境整治

开展“入户联心”活动，听取村民意见

中完成支路0.4公里、巷路0.3公里。村容村貌实现“绿化、净化、美化”协同提升，人居环境品质显著改善。

积极打造农房风貌提升“汕尾样板”，高度重视农房风貌管控提升工作，广泛发动群众参与农房风貌提升建设。依托“入户联心”，深入倾听村民意见，摸排底数，加强政策宣传引导，充分调动村民参与农房风貌提升的积极性。立足“一房一方案”原则，分阶段、分步骤推进农房微改造，2023年以来，已完成120间房屋外立面改造、48间平改坡、87间危旧房屋拆除工作，持续打造美丽乡村风貌带。

（五）壮大特色产业，夯实致富根基

新民村坚持产业兴村富村，着力补齐民生项目和公共配套等短板，确保乡村振兴成果惠及全体村民。立足“一村一品”产业发展思路，采取“党总支部+土地流转+企业”村企联合发展模式，有效盘活土地资源，实现村民和村集体经济持续性增收。截至目前，重点发展培育的项目包括“农业+研学+观光”的乐民现代农村农业产业项目，带动周边农户参与标准化种植；康之泰海产品全产业链加工产业项目，延伸产业链条，提升产品附加值；集园林艺术、生态观光、悠闲度假、红色文化、书画欣赏、餐饮服务等为一体的春绿洲耕园休闲观光园项目，打造市民朋友可观、可赏、可去、可游的美丽乡村休闲观光示范点。

康之泰食品加工厂

春绿洲耕园

三、未来发展规划

（一）深化党建引领，凝聚振兴合力

积极探索村内重点产业项目、引进企业中建设非公企业联合党支部，将党的组织优势延伸到产业发展一线，强化党组织对产业发展的政治引领。深化村党总支与非公企业联合党支部的共建联建机制，推动党建工作与产业发展深度融合、同频共振，为乡村振兴注入更强大的“红色动能”。

（二）强化队伍建设，拓宽发展思路

持续加强村“两委”干部政治理论和业务知识学习，不断提升履职能力。积极探索集体经济发展新路径，谋划产业发展新思路，全力助推产业发展，提升集体经济持续“造血”能力。加大本土人才培养和引进力度，建立健全村级后备干部人才库。大力发动本村外出乡贤、企业家返乡投资兴业、参与治理，形成人才回归、资金回流、项目回迁的良好局面。

（三）坚持规划引领，推动产业落地

结合发展新形势和新要求，进一步完善新民村乡村振兴规划设计方案，特别强化产业发展、空间布局、基础设施、乡村风貌管控等方面的规划引领和刚性约束。发扬“钉钉子”精神，一张蓝图绘就到底，持续深入推进绿美生态建设、人居环境提升、农房风貌管控、产业项目发展等各项重点任务，确保美好蓝图转化为现实图景。

02 第二编

陆丰市乡村振兴典型案例

金厢镇

奏响乡村振兴曲，小镇也有大梦想

在市委、市政府的坚强领导下，金厢镇党委、镇政府高举中国特色社会主义伟大旗帜，坚持以习近平新时代中国特色社会主义思想为指导，全面贯彻党的二十大会议精神以及习近平总书记系列重要指示精神，坚持党建示范引领，笃定高质量发展不动摇，以强烈的政治担当、有力的行动举措、务实的工作作风，切实增强推进“百千万工程”和“明珠一号”攻坚行动的责任感和紧迫感，奋力抢抓城乡区域协调发展机遇，大力发展文旅产业、现代渔业，打造宜居宜业宜游的美丽小镇。

一、乡镇发展概况

（一）基本情况

金厢镇辖1个社区管理区和12个农村管理区，镇人民政府设在金厢社区，在籍人口6万余人，常住户籍人口3万多人，是一个渔农并举、商贸活跃、拥有特色旅游资源的滨海镇。

海纳金滩旅游区–民宿区

观音岭沙滩

（二）区位条件

金厢镇位于广东省东南沿海，陆丰境内碣石湾畔，东经115.42°，北纬22.51°，陆地面积58.6197平方公里。金厢镇背山面海，地域狭长，地势属丘陵地带。东南与碣石镇接壤，东北、西北分别与桥冲镇和城东镇相邻，西邻东海镇的乌坎村，距陆城12公里。狮山山脉贯穿全境，全长13.7公里，自西北向东南绵延。主峰位于金厢圩东北部，海拔445.8米，是粤东沿海第一高峰，是渔民深海捕捞作业的天然航标。全镇海岸线17公里，其中，东段观音岭至虎尾山称大湾，长约10公里，西段虎尾山至虎头山称小湾，长约7公里。金厢镇属亚热带海洋性季风气候区，具有四季温暖，雨量充沛，日照充分，无霜期长，季风明显等特点。

（三）资源禀赋

金厢镇旅游资源得天独厚，红色文化底蕴厚重，风景名胜多。以“神、海、沙、石”兼备而被誉为“粤东旅游黄金海岸”的金厢滩，是“汕尾八景”之一。沙滩细软连绵，海水浪小洁净，奇礁异石千姿百态，摩崖石刻历史悠久。

探寻周恩来渡海处、周恩来活动居址、红色文化馆等“红色足迹”，缅怀红色革命历史。观音岭上水月宫建筑古色古香，香客络绎不绝，遍地生香，是一个环境优美、空气清新、得天独厚的旅游胜地。

金厢海洋资源丰富，海域辽阔，滩涂众多，金厢港是全市五大渔港之一，金厢特产有味道独特、香甜兼备的“玻璃鱿鱼”，个肥肉嫩、香脆鲜美的“望尧牡蛎”，“金钩虾米”更是远近闻名，曾在全国水产品评比中获金质奖。

金厢镇沿海一角

（四）发展历程

金厢镇坚持“红色引领、绿色发展、蓝色崛起”的理念，结合省定“红色村”以及陆丰市乡村振兴滨海走廊示范带创建工作，推动乡村振兴、以文塑人、以文塑旅、以旅塑城多元化融合发展、自然与生态共生的规划设计理念，以周恩来活动居址、周恩来渡海处为纵轴，以金厢海滩为横轴，全力打造“T”形红色旅游格局，以点带面打造红色引擎，示范带动全镇经济社会振兴发展。

周恩来渡海处广场

随着红色滨海旅游的发展，金厢镇持续深入挖掘红色文化内涵，传承弘扬红色文化，加快推进文旅融合，着力培育文化创意产业，为乡村振兴注入乡愁文化、华侨文化、滨海文化、生态文化、红色文化等新元素，“美丽金厢”名片渐成规模。2019年，黄厝寮周恩来同志养病居址旧址、周恩来同志渡海处被授予广东省中共党史教育基地、广东省革命遗址；2020年，被汕尾市委组织部、陆丰市委组织部授予“党员教育基地”。2020年金厢下埔村被省委组织部评为广东省红色村党建工程示范点、广东省乡村治理示范村。同年，在第二届“广东十大美丽乡村”系列评选活动中，金厢镇下埔村被评为“广东文化旅游名村”，进一步凸显金厢镇红色旅游发展成效。2021年，金厢镇下埔村被广东省文化和旅游厅授予“广东省文化和旅游特色村”，跻身广东省乡村振兴排头兵队行列。如今的金厢镇，已经成为全市红色旅游的一张响亮名片，吸引了更多的游客到此打卡，来红色遗址开展主题活动、党史教育的党政团体更是接踵而来，应接不暇，有效带动当地增收，络绎不绝的人流带动着当地村民、商户吃上了“红色旅游饭”。

（五）经济社会发展总体情况

1. 经济报表。2023年金厢镇工农业总产值9.5483亿元，其中农业总产值1.8485亿元，林业总产值18.01万元，畜牧业总产值9788万元，渔业总产值4.3298亿元，工业总产值约为5894万元，旅游服务业收入1.8亿元，固定资产投资完成3.3068亿元。

2. 基础设施建设。村内完成了水电路气和通讯基础设施的全覆盖，所有村民家庭都能享受到稳定的供水、供电、路网和网络服务。农村人居环境得到显著改善，村道两旁绿树成荫，河流得到有效治理，水质明显改善。

二、乡村振兴的措施和成果

（一）坚持党建引领，把牢高质量发展核心

金厢镇成立了以镇党委书记为组长，镇长为常务副组长的乡村振兴战略领导小组，其中镇人大主席、镇党委副书记、组织委员等相关分管领导担任副组长，从镇党政办、经发办（农办）、党建办、宣传部门、规建办、财政结算中心等机关站所抽调成员为具体办事人员，进一步加强组织领导，为全面推进金厢镇乡村振兴战略的实施提供了坚实的人员保障。

金厢镇充分发挥镇村组三级干部“头雁”作用，以党建引领，为做好各项工作提供坚强组织保障。镇府值班设专项值班组，在金厢银滩、洲渚路口、十二岗村沙雕公园设立三个排堵保畅工作专班，由镇班子成员任值班领导，每个值班组配备3至4名镇府干部；各村（社区）由“两委”干部、党员志愿者、网格员组织成立值班组，严格落实值班带班制度，确保镇府、村（居）委会24小时有工作人员值班值守。

金厢镇还实行乡镇干部驻村帮扶制度，以村民小组为“小网格”，确保一名乡镇干部下沉到一个村民小组开展帮扶工作，扎实做好党群服务、社会治安、安全生产、环境保护等各项工作，将帮扶工作内容延伸到基层治理“末梢”，切实推动“两个覆盖”进阶升级，进一步提升村民小

金厢银滩旅游区全貌

组党组织的凝聚力和号召力，形成“党组织抓网格支部、支部抓党员管理、党员带动群众”的党建引领“三治”融合新格局。

（二）锚定文旅产业目标，坚持促转型、提质效

金厢镇大力推动文旅融合发展，因地制宜发展民宿文旅新产业新业态，加快推进海纳金滩、一山半海等民宿项目落地运营，以品牌化民宿经营，撬动金厢文旅产业发展，全镇现有民宿9家，可提供床位400多个，正在逐步完善海上摩托艇、游艇、海滨浴场等设施配套。金厢镇还在十二岗村建设民宿酒店群，该项目正在进行基础设施配套建设，它的建成，将为金厢镇民宿增加1000个床位。同时着力推进闲置资源盘活利用，以十二岗海岸艺术村为试点，将闲置房屋出租给企业，每平方米租金为8元至12元不等，打造成为农村小茶馆、咖啡屋等“潮文化”网红打卡地，带动村民创收，村集体则以参与管理服务的方式实现每年5万元的增收，推动金厢镇市场主体蓬勃发展。在2023年中秋国庆双节期间，全镇接待游客超35万人次，占陆丰市旅游人次近一半，银滩夜市每晚创收约50万元，附近两家餐厅每天营业额达数十万元，确实做到了在点亮居民、游客多样化文化生活和消费需求的同时，充分释放金厢经济活力，展现金厢文旅产业新魅力。

十二岗海岸艺术村

银滩夜市

银滩夜市盛况

（三）充分发挥金融服务力量，为乡村振兴注入金融活水

2021年6月以来，融服务，以“惠农e贷”为突破口，积极开展农户信息建档，推动农户贷款全线上化运作，解决农户在创业、扩大生产经营规模、日常周转资金欠缺等方面的资金需求，鼓励农户、合作社等发展农业、渔业、养殖业等与金厢镇优势资源相结合的产业，立足金融下乡，多措并举助力农业高质高产、乡村宜居宜业、农民富裕富足。在2023年1—12月为有需求的农户协调发放涉农贷款954万元，促进乡村经济发展活力。

（四）深化绿美生态建设，牢牢守住“金山银山”

金厢镇持续对河道护岸以及岸边生态环境开展整治，不断提升带状生态空间绿化美化水平。启动“绿美山体”建设规划，全面深化“林长制”工作，大力推进植绿护绿扩绿，持续开展“八个万”植树活动，大力实施海洋生态修复工程，推进沿海防护林工程及海岸线生态环境整治项目，推动山体生态环境修复绿化工作，通过一系列行动牢牢守住生态保护底线。

在推动“四好农村路”建设工作中，金厢镇15公里主干道进行“白改黑”沥青建设，并对主干道进入各村社区主干道也进行沥青建设，全面完成镇、村主干道提升改造。与此同时，持续开展镇主干道两侧综合整治，打造示范带沿途美丽风貌带，针对金厢溪长期以来“脏乱差”问题，实施金厢溪碧道建设工程，投入7600万元，对金厢溪8.2公里河道进行清淤疏浚，整治河道护岸以及岸边生态环境。在海岸沿线大力实施海洋生态修复工程，推进沿海防护林工程及海岸线生态环境整治项目，共种植防护林1000多株、修复海岸线5公里。

在着力推动绿美建设工作中，金厢镇结合当地地理环境和气候条件，选择适宜的树种进行植树造林。在村的主要道路和公共场所内进行绿化景观打造，通过种植花草树木并进行修剪整齐、合理布局，营造出美观、宜人的环境，打造了乌桥公园、低碳公园。同时开展环境教育宣传活动，

金厢社区农房外立面整治

低碳公园一角

提高村民的环境保护意识，鼓励村民积极参与植树增绿行动。截至目前，金厢镇发动各方力量植树16840余株，有力推动了当地生态文明建设。金厢镇目光所及，到处呈现一片水清、岸美、景好的靓丽风景。

（五）注重发展文化软实力，着力提升群团服务

金厢镇扎实推进新时代文明实践提质扩面，以提升乡风文明水平为目标，以推进移风易俗为抓手，着眼凝聚群众、引导群众，以文化人、成风化俗，用中国特色社会主义先进文化、中华优秀传统道德牢牢占领农村思想文化阵地，全面加强农村精神文明建设。

1. 引导各村（社区）学习贯彻党的二十大精神。将充分发挥“四会”等民间组织作用、规范红白喜事等内容写进村规民约中，推动新修订的村规民约实施，让村（居）委会会用善用村规民约治理乡村，同时动员村民自觉遵守村规民约，让村规民约在实际治理中发挥重大效用，并形成长效管理机制。

2. 积极盘活镇村新时代文明实践所（站）等现有优质宣传阵地。涵养文明乡风、良好家风、淳朴民风，推动习近平新时代中国特色社会主义思想深入基层、深入人心，不断提高广大农民的主人翁意识，改变落后思想观念，主动摒弃陈规陋习，倡导文明生活方式。

3. 根据群众的不同需求开展形式多样的文体活动，实现村综合性文化服务中心全镇覆盖。全年免费向群众开放，定时组织举办跨年文艺会演、庆国庆校园足球赛、朗诵比赛等文娱活动，以及举办广场舞比赛等群众性文体活动，加强农民文化乐园载体建设。在“五四”“六一”等时

少年沙滩足球

间节点，组织开展“走在前列建新功”暨五四运动104周年纪念大会、庆祝第73个六一国际儿童节表彰大会，扩展丰富青少年群体的文娱生活。

三、未来乡村振兴发展主要规划

金厢镇将坚持“红蓝绿古特”五色融合发展，深化以周恩来活动居址、周恩来渡海处为纵轴，以金厢海滩为横轴的规划设计，全力打造金厢“T”型红色滨海旅游格局。

（一）强化示范带运营

用心盘活示范带资源，以“海岸艺术村”项目作为文旅融合发展样板，积极探索艺术文化旅游、乡村旅游等融合业态，加快推动金厢滨海红色旅游景区从3A级成功升级为4A级旅游景区。

（二）不断完善旅游设施配套

加快推进海纳金滩、一山半海等民宿建成营运，并逐步完善海上摩托艇、游艇、海滨浴场等设施配套。扎实推动十二岗村民宿酒店群建设，该项目正在进行基础设施配套建设。

（三）大力发展旅游经济

用心做好旅游服务保障，在金厢银滩夜市成功打响第一炮的前提下，推动在各景点范围内规划夜摊摆放点，引导商贩以彩色亮化灯带进行布设点缀，连片形成灯光华丽的餐饮消费区，拉动游客虹吸效应。

（四）全力推动“浪漫海湾”示范建设

牢牢抓住陆丰市打造“金厢—碣石”浪漫海湾示范片区的有利契机，以“金厢寻古，观音临胜”为主题，推动十二岗精品渔村培育工作，着重打造“一带、三区、两核”，以海岸艺术村、古官道、观音岭等资源为依托，以海滨艺术体验、文化熏陶、山海观光为主体，打造金厢海滨文化休闲风光带，擦亮金厢粤东旅游黄金海岸的又一张名牌。

（五）致力打造“未来乡村”优质样板

坚持规划先行，邀请中山大学团队进行规划设计，主动对接广东省交通职业技术学院，开展文创开发、红色旅游资源合作、旅游文创产品设计、旅游线路规划等方面课题立项研究，大力推进十二岗村“科技小院”试点建设，搭建线上线下的立体化传播平台，推动区域文化经济与外界接轨，打造十二岗新型“未来乡村”样板。

东海街道上海村

“荒沙埔”蝶变“金沙滩” 绘就蓝色发展宏图

围绕打造全省推进“百县千镇万村高质量发展工程”示范村目标，上海村紧紧围绕市委、市政府和街道党工委、办事处关于推进“百县千镇万村高质量发展工程”的工作部署，对标对表“百千万工程”施工图，依托滨海资源优势，努力将上海村打造成为宜居宜业宜游的共同富裕示范村。

一、基本情况

（一）地理位置

陆丰市东海街道上海村是陆丰市东海街道下辖的行政村，位于陆丰母亲河螺河和乌坎河出海交汇处，距东海街道正南方向约10公里，毗邻东海街道经济开发区，东连乌坎港、虎头山，西接大德岭、漯河出水口，北靠陆丰市城区，南向浩瀚的南海、碣石湾。陆路有60米宽东海大道连接G324国道，距陆丰市城区7公里，10分钟车程便可抵达；距汕汕铁路陆丰南站仅3公里，距高速公路12公里，厦深铁路20公里。同时，上海外滩是陆丰市“谷乡慢城”乡村振兴示范带重要节点，与滨海走廊示范带相接，同金厢银滩、碣石浅澳点缀在滨海旅游带，地理位置得天独厚，交通便利。

（二）历史文化

上海村仅有1个自然村，始建于1857年。因生活作业，周、黄二姓人分别由上英镇、东海三六九圩逐渐移居至此而形成村落，因临南海，而取名海仔村。中华人民共和国成立后，上海村属炎龙乡府，1958年属乌坎公社，1973年属陆丰县东海公社，1983年后，属陆丰东海街道上海行政村至今。村内建有元天上帝庙，庙里供奉元天上帝，主要祭祀活动在每年农历三月初三，村民会集体进行大型祭祀。村里现存主要宗祠为周氏祖祠和黄氏祖祠，其中，周氏祖祠始建于民国丙子年，重修于1990年，占地面积1000平方米。黄氏宗祠始建于1990年，占地面积1080平方米。

（三）土地人口

上海村总面积约4.6平方公里，耕地面积860亩，虾塭面积2400亩，林地面积1700亩，建设用地1600亩。村域内农田、牧场、林场、鱼塘等田园景观优美。因地制宜建设具有观赏性、乡土性、文化性、生态性元素的乡村景观，提升村整体文化品位。现有人口484户3020人，以周、黄两大姓氏为主，其中男性1605人、女性1415人，80岁以上49人，最年长者95岁，村民均为汉族，闽南民系，使用闽方言福佬话，外出人员从事行业主要为经商和务工。

（四）党建情况

村“两委”干部编制5人，具有大专及以上学历的有2名，具有高中以上学历的有5名，其中女干部1名，班子平均年龄42岁，其中35周岁以下干部2名。上海村党支部设立3个基层党小组，分别为第一党小组，第二党小组，第三党小组，现有党员共46名，预备党员1名。

（五）自然资源

上海村上海外滩拥有长海岸线，十里沙滩、沙柔滩阔，近海100米内水深不过2米。沙滩上更有20世纪70年代栽植并保护至今的木麻黄、苦楝树等2000多亩省级生态防护林，自然风光旖旎。上海村是滨海渔村，主产业是养殖和近海捕捞，村民收入以渔业捕捞、海产养殖、务工和经商为主。辖内有上海船仔澳、小码头、虾塭、蚝排等海产养殖面积2800多亩，渔业捕捞和虾蟹养殖是上海村的主要产业。

上海村全域俯瞰概况

二、主要做法和成效

（一）强化党建引领，解决“支部边缘化”问题

坚持以高质量党建引领乡村振兴，奋力谱写新时代追赶超越新篇章。

1. 用活党建阵地，夯实群众基础。以阵地建设为载体，健全服务网络，依托党群服务中心，实行村干部轮流值班制，帮助群众全程代理相关事宜；村党支部按网格区域设立3个网格党小组，以党小组长为小网格长带领村内20名党员志愿者落实网格化管理工作，定人定格定责联系484户群众，进一步提高了基层党组织的战斗力与凝聚力。

2. 配强支部书记，发挥头雁效能。利用村“两委”换届契机，把思想政治素质好、统筹协调能力强的优秀党员选拔为支部书记，同时引导大学毕业生、优秀青年回村任职，新班子成员实现了中青搭配，并通过开展多元培训学习，依托党校学习，远程教育，到周边的乌坎村、金厢镇下埔村实地考察等方式，精心设计党性教育、社会治理、基层党建等课程，全面提升了干部能力和综合素质。

3. 抓实组织制度，弘扬务实作风。村党支部结合党员思想工作实际，积极开展“三会一课”“主题党日”“第一书记”讲党课，完善和创新党组织生活的内容和方式。严格按程序讨论决定村情民情，为村民答疑解惑，通过完善“自我管理+民主监督”机制，营造出风清气正、干事创业的良好氛围。

4. 整合各类资源，提高集体经济规模。通过聘请乡村职业经理人，加强村集体经济发展力度，扩宽摸索集体经济发展渠道，逐步增加村集体经济收入。

（二）稳推项目建设，解决“发展瓶颈期”问题

上海村借助乡村振兴示范带建设的有利契机，唤醒沉睡的沙滩资源，全力推进上海外滩旅游区建设。充分发挥资金带动作用，通过“街道+村+企业+农户”的乡村振兴运营模式，2022年成功引进第三方公司对上海外滩旅游区进行运营管理，吸引社会资本入驻，计划投资28.6亿元，建设上海外滩旅游区。旅游核心区控制线面积为1237190平方米，旅游区管理控制线面积为2643013平方米，充分利用得天独厚的海滩资源，打造集生态、商业、文旅产业为一体的“上海外滩”景点。以“海洋文化、农耕文化、红色文化、陆丰民俗、国级非遗、网红文化、康养胜地”七大旅游功能规划主题精线串珠，涵盖购物、饮食、住宿、娱乐、景点共计5个方面的37类建筑。

项目共分三期进行，目前项目一期已实施建设，至今约投入4.8亿元，主要为旅游基础服务设施建设，已完成沙滩提升约2.5公里，新建生态停车位600个，园区道路7.5公里，公厕5座，路灯270支、景观灯50支，打造网红商业街（15间商铺）、陆丰味道美食街、民宿20间、无动力游乐园。绿美生态建设方面：已完成生态林修复约20万平方米，种植椰子树2000棵，椰子树苗15000株，柳树、宫粉紫荆、金丝楠木、罗汉松等乔木约4500株，各类花卉1.2万平方米，草坪绿化约2.1

上海外滩旅游区

万平方米。景区配备工作人员140人，包括景区工作人员60人、保安50人、海岸巡逻员20人、救生员10人，同时成立了旅游突发事件应急救援小组，统一指挥协调旅游区内的应急管理工作。经过完善景区各项配套设施建设，在上级文旅主管部门的支持下，上海外滩旅游区被认定为国家3A级旅游景区。2023年，上海外滩旅游区成功举办陆丰市乡村振兴示范带擂台赛和陆丰市首届民间文化节活动，接待游客数量近60万人次，节假日期间流量近22万人次，最高人流量超15万人次。

上海外滩旅游区城堡乐园

上海外滩旅游区－民宿

上海外滩旅游区－沙滩

上海外滩旅游区－商业区

外滩文旅“运营”文章初见成效，上海外滩旅游区逐渐实现“人气”转变为“财气”。按照旅游区年收益20%为村集体所有的分红模式，外滩旅游景区全面建成后，上海村集体经济预计3年突破500万元，“富民兴村”上海未来可期。

项目的二期建设设计约4万平方米，实施建设五星级水上酒店、水幕剧场、民俗文化广场、儿童森林乐园、水上乐园等系列滨海旅游建筑。目前已形成设计方案，正在上级指导下有序推进用地审批程序。项目的第三期，将以生态康养项目为主题实施建设，包含养生公寓、疗养院、综合市场配置、养生商业综合体、生态湖、配套办公区等康养项目工程。

（三）改善人居环境，解决“村貌脏乱差”问题

坚持推进人居环境整治工作，着力补齐农村基础设施和公共服务短板。

1. 聚力建设人居环境新面貌。上海村以人居环境整治为主抓手，开展“三清理三拆除三整治”行动。先后发动村党员干部群众800人次，拆除危、旧、弃房110间，违章建筑物48处，投入各项资金近3000万元，完成村内道路硬底化47条，新修道路9条，埋设雨污管道700米，实施房屋

外立面改造72间12577平方米，新安装路灯497套，进一步完善村内基础设施，村容村貌得到极大的提升。

2. 聚力打造人文风貌新格局。打造占地1万平方米的上海村文体公园，配合如火如荼修建中的上海外滩，切实构建了上海村人文风貌新格局。同时，利用村民闲置房屋进行改造而来的上海村爱心（长者）食堂也建设完毕，占地144平方米，最高能同时容纳40人就餐，为村内孤寡老人、残障人士及困难老人、留守儿童提供免费餐饮服务，极大增强了人民群众的参与感、幸福感、归属感。

村内民居外立面美化

（四）数字赋能基层，解决“治理效率低”问题

上海村紧紧围绕构建“田”字形基层治理体系的要求，全面深化“大数据+网格化+群众路线”的工作机制，进一步提升基层治理体系和治理能力现代化水平。

1. 运用民情地图大数据，提升基层治理效率。通过“四标四实”将村内560户、541间房屋和46处场所全部纳入大数据管理。用活用好“民情地图”，2024年以来，网格联防队员处置事件154宗，办结率100%，上报工作日志1356条，走访人员189人次，走访场所1001场次，打造基层社会数字化治理矩阵，实现“微事不出格，小事不出村，服务不缺位”的目标。

2. 走实走好新时代群众路线，实现基层治理目标。借助“善美村居”小程序，以公共服务常态化、精细化、制度化实现“优化服务，促进发展”，让数据多跑步、群众少跑路。同时通过“善美村居”发布财务、村委和政务情况，截至目前共发布信息240条，实现村委、财务、政务“三务”公开信息化、可视化和服务群众的智能化；统筹协调好上海村第一书记、驻村干部、驻村民警力量，落实驻村干部“日走访、周报告”制度，走好新时代群众路线，切实解决服务群众“最后一公里”问题。

三、未来发展规划

（一）全力推进上海外滩旅游区等重点项目土地报批进度

强化与业务单位对接协调审批工作，加强沟通，准确把握工作要求，积极争取项目尽早落地，并严格按照程序流程，做实做细做优建设项目用地报批手续，提高报送资料的规范性和准确性，加快用地审批进度。倾力打造“一轴一带一心多片区”旅游布局，开展招商引资，吸引社会资本对上海外滩旅游核心区进行投资、开发、经营。

（二）聚焦人居环境整治

以“明珠一号”三大攻坚行动为抓手，以高频率和大力度持续推进上海村人居环境卫生整治，并进一步强化景区环境卫生管理，广泛宣传文明旅游行为规范，弘扬文明旅游新风尚，营造共同打造美好景区环境的良好氛围。

（三）深入推进上海村精神文明创建工作

以村级新时代文明实践站为阵地广泛开展移风易俗等活动，引导广大群众更新观念，提高认识，持续树立乡风文明新风尚。同时进一步搭建群众沟通桥梁，通过入户走访、开座谈会等方式与群众面对面谈心，及时协调解决矛盾纠纷，推动各项工作有序开展。

东海街道乌坎村

聚焦五大着力点 赋能推进乡村振兴

围绕打造全省推进“百县千镇万村高质量发展工程”示范村目标，乌坎村紧紧围绕在上级党委、政府的工作部署下，聚焦“百县千镇万村高质量发展工程”，以高质量党建引领基层治理促乡村振兴，坚持一张蓝图绘到底，全力以赴谱写乌坎高质量发展新篇章。

一、基本情况

陆丰市东海街道乌坎村是陆丰东海街道下辖的行政村，地处陆丰城区与东海经济开发区交界，村海域和土地资源丰富，地理位置得天独厚，发展条件优越。陆路有60米宽东海大道连接新324国道，距高速公路12公里、厦深铁路20公里，规划中的沿海公路连接乌坎港；水路东距汕头98海里，西至香港105海里、广州205海里，是陆丰市滨海走廊乡村振兴示范带起点和汕汕铁路陆丰南站所在村，为连接上海外滩、金厢银滩两个旅游景点的“中转站”。

乌坎村下辖8个片区，户籍人口15015人，常住人口约8000人，青壮年劳动力5000多人，外出流动人口4000多人，截至2024年，村建有房屋约2700间，商铺144间，在村村民以捕捞、海产养殖和经商为主。

村现有“两委”干部8名，其中党委8名、村委5名，有交叉任职5人；监委会3名，聘用干部2名，渔业组1名，土地组成员10名，片区下设片长8名，“两委”交叉率100%，落实三个“一肩挑”。全村党员183名，保洁员20名，网格联防队员15名。

乌坎村深化运用“田”字形基层治理体系，全村划分8个小网格，强化基层综合治理，以“小网格”成就“大平安”，高标准填好“平安报表”。2022年6月，通过陆丰市禁毒委验收获评“无毒村”。村内刑释人员、社区矫正对象等特殊人群得到有力有效管控，社会治安稳定向好。

乌坎位于陆丰县城南面10华里处，属滨海港口渔村，南面是浩瀚的南海，北面是辽阔的白沙

乌坎村俯瞰全貌

埔。东面虎头山如一只巨手将港口揽在怀中，使这里成为天然良港。早在清代，“乌坎归帆”就是陆丰八景之一。据清乾隆十年的《陆丰县志》记载，“乌坎市，多贸易海产”“坎为海日，巨舰舴艋大小咸集”，是陆丰的主要渔港。也是粤海关七总口之一，是清代中叶的繁荣商港，现存清粤海关遗址、乌坎炮台遗址、乌坎港、茶亭遗址等历史古迹。

乌坎村标识–归帆

二、主要做法和成效

（一）聚焦党建引领，下好“关键棋”，引领高质量发展航向

坚持党建领航，强化基层党组织“神经末梢”作用，稳固保持新形势下的干群血肉联系，逐步描绘“和美乌坎”幸福底色。

1. 锻造能力过硬的基层干部队伍。围绕“给钱给物不如给个好支部”，乌坎村着力加强村党组织建设，“好稳严实”高质量完成村党组织换届选举。换届后村“两委”班子平均年龄40岁（降低了8.64岁），大专以上学历占比66.7%（提高了44.5%），实现“雁群”年龄和学历结构“双优化”。同时全面搭建起“1个党委+3个区域党支部+8个网格党小组”的“横向到边、纵向到底”的全覆盖组织体系，让基层党组织成为乡村治理的“红色引擎”。

2. 打造坚强有力的基层战斗堡垒。乌坎村坚持把党建引领作为推动乡村振兴的“第一抓手”和“红色引擎”。一方面，夯实“阵地”，筑牢“堡垒”。创新性地把村文化公园和党群服务中心、社会治理中心、新时代文明实践中心三个中心一体规划建设，占地约3.5万平方米，建成集“村务管理、便民服务、政策咨询、信息公开”四大功能于一体的综合平台，打造党组织密切联系服务群众新阵地，让村民逛着公园就能把事办了，真正成为基层党组织与群众间的“桥梁”和“纽带”。中心涵盖民政、卫健、扶贫和退役军人等20多项服务，月均受理量超1000件，村民满意率达99%，受到广大村民一致好评。

3. 升温全面覆盖的党群干群联系。走实走好新时代群众路线，定期组织召开党员大会、村民代表大会、户代表会议等，扎实开展“一亲三心”和“我为群众办实事”实践活动，组织党员干部650人次，走访群众21235人次，帮助群众解决问题1204个，进一步密切党群干群“鱼水情”。同时坚持把蓝图交给群众，把政策交给群众，严格运用“四议两公开”工作法破解“征地款发放”热点问题，在重大项目汕汕铁路建设涉及拆迁中，村党委部署落实拆迁工作，区域党支部发动党员响应对接，落实网格内党员上门解惑释疑，以党员带头从自家拆起，做到村民纷纷响应，一个月拆除违建102间、迁坟500多穴，实现了零补偿、零纠纷、零上访。在征地款下来后，村党

党群服务中心

委主动谋划靠前指挥，完成了1.3万余人3300多万元征地款发放工作，切实维护村民的合法利益，得到了村民交口称赞，通过充分发挥党组织战斗堡垒和党员先锋模范作用，让“群众高高兴兴跟着党员干”成为常态。

（二）聚焦乡村自治，夯实“平安石”，筑牢高质量发展根基

坚持和发展新时代“枫桥经验”，全面发挥村、组作用，切实以“小网格”撬动“大治理”，深入推进“五治一体”基层治理新模式。

1. 深化“田”字形基层治理体系。用好用活“大数据+网格化+群众路线”机制，数字赋能基层治理，2020年在全市率先上线应用“民情地图”，设立村级联勤指挥中心，将村内3140户、2700间房屋和225处场所全部纳入大数据管理，配套雪亮工程，启用智慧视频450个，实现村域动态全掌控。同时率先在全市打造村级社会治理工作站，围绕打造“一体化运行、一站式接待、一条龙调处、一揽子解决”的社会治理目标，定期召开会议掌握全村动态，及时捕捉“弱信号”，防范化解风险隐患，切实维护社会大局稳定。

2. 构建“红网格”共建共治格局。着力建设全科网格，一体推进乡村振兴、社会治安、禁毒、消防安全、反走私反偷渡、重点人员管控等工作，统筹驻村干部、驻村民警、“两委”干部、基层党员、网格员等力量践行“组团式服务、网格化管理”，落实巡查六言诀，实现对群众“点对点”服务。目前，共帮助解决群众诉求、化解邻里纠纷等情况400余件，切实把矛盾纠纷化解在萌芽状态，致力打通社会治理“最后一厘米”，实现“微事不出格、小事不出村、大事不出镇、矛盾不上交、服务不缺位”。

（三）聚焦乡风文明，重塑“新形象”，焕发高质量发展活力

乡风文明定乡村振兴之魂，围绕“14536”总要求高质量扎实推动文明实践工作，一方面，通过升级改造旧公园，打造乌坎乡村文化集市，搭建乡村大舞台、文化集市贩售屋、红色文化小品等建筑，汇集了红色文化宣传、非遗文创产品、农副产品和特色美食四大类小店，以文化注入乡村旅游，呈现“美食+文化”沉浸式消费体验，让村民和游客感受到乌坎的活力和文化的魅力，用乡村文旅推动新时代乡村振兴发展。另一方面，以打造红色教育基地为主调，整合乌坎村革命史迹和人物故事，通过红色故事会、主题党日活动，弘扬革命先烈“敢为人先”的精神，传承红色基因，引导广大党员积极投身到乡村振兴的行列中。同时打造集新时代文明实践展厅、志愿服务站、社工站、书画室等多

新时代文明实践站

功能区域的村新时代文明实践站，开展宣传教育，弘扬和践行社会主义核心价值观，通过百姓舞台宣传党的二十大精神和习近平总书记系列重要讲话精神。以“一月一主题”活动为抓手，常态化开讲政策宣传、法制教育、移风易俗、书法国画等公益课堂，着力完善“一约四会”，引导群众告别陈规陋习，倡导文明新风，让红事“一碗茶”、白事“一碗粥”成为新风尚，让文明之风浸润乌坎千家万户。

（四）聚焦产业兴旺，奏响“新乐章”，点燃高质量发展动力

坚持依海而立、因海而兴，释放渔港辐射动能，提速乡村振兴景观示范带建设，以高水平滨海产业引领集体经济高质量发展。

1. 盘活“土地”资源潜力。立足用活土地资源，盘活旧资源新潜力，村集体投资建设参与乌坎综合市场升级改造，提升农贸市场的建设标准，达到道路宽阔便利，档口整齐有序，通过“整体租赁—升级改造—经营管理”的方式，每年为村集体带来租金收入66万元。同步规划推进新乌坎综合市场建设，确保综合市场既“换新装、增颜值”，又“强心脏、优服务”，预计每年租金收入可达60万元，切实增强经济发展后劲。

2. 释放“渔港”发展动能。利用得天独厚的滨海资源，以乌坎渔港为支撑，积极引导村民科学合理发展海水养殖产业，乌坎村现有捕捞船只271艘，每年产值近5000万元，水面养殖面积近480亩，总产值约500万元，从事各类海产品养殖的村民150多户，带动村民增收2000元/户，逐步

乌坎港海鲜交易市场

乌坎港-鱼排蚝排

把资源优势转变为经济优势。同时坚持“资源养护+渔业养殖+渔港经济”模式，协调推进乌坎渔港建设工程，打造渔港风情街，逐步实现水产品的生产、加工、销售全链条发展，预计打造乌坎露天海鲜市场达到创收45万元/年，乌坎货运码头物流中心55万元/年，乌坎渔港文化综合体120万元/年，每年累计效益可达220万元。

3. 铸造“文旅”品牌高地。瞄准打造滨海开发的桥头堡、全域旅游的前哨地，协助东海街道全面启动升级乌坎滨海旅游环境综合整治项目，拟用3年时间，联动上海村，打造一条“有亮点”的10公里山海环线，打造一片“有自然”的山林滨海景观、一个“有文化”的乌坎“设计村”、一座“有人气”的陆丰滨海新城，营造良好的招商环境，实现产业加速。预计建成后乌坎十里金滩生态林地公园可创收10万元/年、乌坎设计师之家创收30万元/年、乌坎虎头山生态旅游度假村创收100万元/年，每年累计效益可达140万元。

（五）聚焦生态宜居，打好“示范牌”，绘就高质量发展图景

坚持高标准推进美丽乌坎建设，聚合乌坎特色滨海古村资源，释放高铁商港的地理优势，不断绘就宜居和美乌坎新画卷。

1. 建设“宜居”美丽乡村。发挥滨海走廊示范带“桥头堡”作用，制订乌坎村规划提升方案，投入1.7亿元持续推进基础设施升级改造和古村“微更新”，坚决守住生态保护红线，提升街区环境，深入开展“三清三拆三整治”“三大革命”行动，建成了公建规范化卫生站、干净整洁卫生公厕、健身场所、体育场和农贸市场，用好街头巷尾的闲置地、“边角料”，铺设草皮5.3万

乌坎文旅驿站

平方米，种植绿化乔木约2600株，聚力更新扮靓美丽乡村。

2. 推动“特色”精品发展。充分挖掘乌坎村滨海资源，展示滨海村落文化。通过升级改造旧公园，打造乌坎乡村文化集市，搭建乡村大舞台、文化集市贩售屋、红色文化小品等建筑，以文化注入乡村旅游，呈现“美食+文化”沉浸式消费体验。先后建成乌坎文旅驿站、避风港公园、滨海路等民生实事建筑竣工投入使用，为游客提供休憩和欣赏乌坎风光的场所，让村民和游客感受到乌坎的活力和文化的魅力。

3. 打造“高质”交通窗口。以乡村振兴示范带建设为契机，着力发挥自身交通地理优势，协调配合推进陆丰南站高铁枢纽一体化工程建设，站稳群众立场，在群众工作中讲深讲透眼前和长远利益。目前正在进行一期工程建设，推进涉及土地征收范围内坟墓和金斗的迁移工作。同时优化乌坎村功能布局，统筹商业商务、旅游服务、文化展示等功能建设，为陆丰南站提供配套服务，致力提升交通枢纽门户形象。

三、未来发展规划

（一）深入推进乌坎人居环境整治优化

坚持把“明珠一号”攻坚行动与村集体经济高质量发展紧密结合，聚焦全域风貌提升、人居环境整治、绿美生态建设三项重点工作，持续健全工作机制、压实工作责任、实施挂图作战，清单化推进乌坎人居环境提升各项任务落实落地。

（二）进一步强化乌坎村重大项目推进统筹协调

积极对接市相关部门协调审批工作，并严格按照程序流程，提高报送资料的规范性，加快推进项目进度；深入开展项目建设过程中的难点、痛点问题和涉及的矛盾纠纷排查，把矛盾化解在萌芽状态，确保项目工程有序开展。

（三）紧扣“百千万工程”所需，坚持党建引领为核心

全面加强基层干部队伍建设，激励干部主动担当作为，提升干部队伍干事创业本领，同时充分发挥考核“指挥棒”作用，强化监督考核，压紧压实镇村干部责任，全力推动乌坎富民兴村规划蓝图转化为“实景图”。

（四）稳步推进乡村振兴配套设施建设项目

联动上海外滩，持续推动乌坎风貌提升，构建“1+3”文旅布局；全力做好乌坎现代海洋渔业示范区项目和预制菜产业园建设，探索发展“海洋牧场+高铁物流+渔港经济+预制菜”模式。

避风港公园

东海街道六驿村

全力激发内生动力，全面推进六驿振兴

围绕打造全省推进“百县千镇万村高质量发展工程”示范村目标，六驿村紧紧围绕在市委、市政府和街道党工委、办事处的工作部署，聚焦“百千万工程”发展蓝图，铆足干劲抓落实，持续激活乡村发展内生动力，以产业振兴赋能乡村全面振兴，不断提升群众的获得感、幸福感、安全感，奋力书写六驿高质量发展新篇章。

一、基本情况

（一）地理位置

陆丰市东海街道六驿村是陆丰市东海街道下辖的行政村，地处东海街道中西部，距城区和街道办事处所在地1公里，东邻红星、红卫社区，西连炎龙洛洲村，南接炎龙村，北隔桃园社区，地处平原地带。324国道从北面穿过，东海40米大道在村境内穿过，深汕高速公路距村2公里，交通便利。六驿路、市场路等村道逐渐发展成为城市交通要道，随着城市中心地段的发展扩张，六驿村逐渐演变成为典型的“城中村”，毗邻繁华商业街，商业发达，人流密集，在发展第三产业方面具有较好的地理优势和交通优势。

（二）建村历史

六驿村在乾隆年代时建有驿站一个，驿站后置有两个村落，一个叫路上，一个叫路下（现今叫路顶片）。六驿村过去有座古桥叫六板桥，位于六驿村东面，与霞街仔路口接壤。在中华人民共和国成立初期为炎龙公社炎龙大队管辖，同时又把三个村落即路上、路下和六板桥片合为六驿村。于2005年5月经陆丰市人民政府批准，从炎龙村划出，单独设立六驿村委会。

（三）土地人口

六驿村有自然村1个，土地面积约1.2平方公里，耕地面积296亩，其中水田204亩，闲置的92

亩种植番薯、蔬菜。全村总户数3123户，总人口10626人，人口较多的姓氏有颜姓、黄姓、陈姓、林姓等。村里人员大多以个体户经营为主。小部分外出人员，主要流向广州、深圳，从事经商和务工。

（四）党组织建设

六驿村党组织设党总支部，下设六板桥、新村片2个党支部，村内共有党员91名，其中预备党员6名。现有“两委”干部7人。2006年，六驿村党支部被评为“汕尾市固本强基先进基层党组织”，同时被陆丰市评为先进村，2011年被评为“全国基层妇联建设示范村”，2021年7月评为“陆丰市先进基层党组织”。

六驿村党群服务中心

六驿村委会利用村交通便利、毗邻商业中心的特点，充分发挥区域优势和地理优势，凑集资金建设金驿市场，提出优化环境、规范管理等系列措施推动市场发展，实现转亏为盈，由负债800余万元的“负债村”到如今集体存款2000余万元，六驿村党总支部用实际行动交出了一份人民群众满意的答卷。

二、主要做法和成效

（一）锻造支部“硬实力”，解决“根基不稳”问题

六驿村深入贯彻落实党建引领“三六九”工程促乡村振兴，紧紧围绕党建引领这一根本，把加强党的领导贯穿“百千万工程”始终。

1．建强“头雁队伍”。富不富看支部，强不强看头羊。六驿村从2005年4月成立党支部开始，就把党的建设贯穿在六驿村内建设中。2019年4月，村升格为党总支部。村党总支始终把选优配强班子成员作为发展壮大集体经济的关键手段，通过配强干部队伍和开展管理培训，为村集体经济发展提供坚强有力的组织保障。依托本次换届选举，在选优配强基层干部队伍上用心用力，

聘请管理学专业返乡大学生担任村党总支书记，换届后六驿村“两委”干部平均年龄39岁，比上届下降12.8岁，本科文化程度2人，大专文化程度3人，大专及以上学历占比71%（提高42.9%），实现年龄、学历“双优化”，交叉率从60%提高到100%，实现三个“一肩挑”。村党组织始终坚持把政治建设摆在首位，通过集中教育、外出培训、线上交流等方式，开展政治理论学习，提升村干部政治能力，着力锻造一支政治过硬、本领过硬、作风过硬的头雁队伍。

2. 夯实制度保障。坚持“四议两公开”“三会一课”制度，村里大事小情，通过集体表决决定，每月至少召开两次支部委员会，把村民的事交给村民自己议、自己定，在原先基础上进一步建好建强六驿村，推动一批民生实事项目落地落实，实现六驿村“焕新颜”“添活力”。同时积极发扬陆丰市先进基层党组织的优良作风，引导社区干部端正工作态度、提高为民服务意识和本领。

（二）做活经济“大文章”，解决“发展瓶颈”问题

六驿村坚持党建引领，村书记做经济发展“领路人”，兼任金驿发展有限公司法人，启动经济发展“红色引擎”，立足陆城中心区域优势，坚持“稳步探索、多元发展”的集体经济发展原则，探索“市场发包+仓库利用+资金管理”富兴模式，因地制宜优化金驿综合市场。以“人无我有、人有我优”的发展理念，奋力打造东海街道乃至陆丰市最大的综合市场和蔬菜集散地。2023年实现村集体收入1020万元，成功创建成为陆丰市东海街道第一个集体经济破千万的村！

1. 以“金驿市场”破题。最初，六驿村村民经济收入主要依靠农业生产，产值低、收入少。同时，村地处城乡接合部，随着城镇发展建设的需要，村集体土地被不断征收，土地资源日益匮乏，第一产业和第二产业发展受到制约。面对优劣势，村党总支从实际出发，扬长避短，积极引导村民调整产业结构，鼓励扶持村民发展商贸业、服务业。同时，充分发挥区域优势，因地制宜打造综合市场。1995年初，六驿村原村民小组在一众党员同志大胆探索情况下，筹集资金8000多万元、建设占地6万平方米的金驿市场。1999年10月，村党员干部又统一认识，对商铺进行整顿清

六驿村金驿市场俯瞰全貌

金驿市场仓库

南果农业

理，之后大胆采取让利措施，以三年免租的优惠政策吸引大量商户入驻，并筹集资金配套建设了5700平方米的仓库。随着不断升级改造，目前金驿市场已经发展成为集日用百货、大宗农产品、食品烟酒批发仓储，以及农副产品销售为一体的大型综合市场，共有商铺636间，入驻商户200多家。成为东海街道最大的综合市场和蔬菜集散地，不断增强村集体经济自身“造血”功能。

2. 以“水果批发”开路。为补足金驿市场水果类短板，六驿村统筹协调，在裤脚丘打造水果批发市场，提高水果市场的竞争力，以新型水果批发市场助力村集体经济发展。同时进一步开发牛围仓库的经济效益，提高空间利用，依托金驿市场现有的牛围仓库，用好招商政策，引入汕尾市南果农业有限公司投资建设，总投资1亿元，拟建设2万平方米的水果深加工工厂，2023年4月份初步投产运营，现持续完善配套设施助燃商贸发展。挖掘“农业+仓库”的经济发展模式，重点布局牛围仓库的仓储与加工项目，让仓库的仓储与加工业务成为集体经济壮大的重要力量。

（三）打造宜居“和美村”，解决“村貌萧条”问题

六驿村通过集体经济发展成果惠泽于民，以提升村民生活品质为核心，落细落实民生工程，不断增进民生福祉，切实打造美丽宜居村。

1. 加强精神文明建设。集体经济收入为农村精神文明建设提供经济支持。六驿村党群服务中心设置了“农家书屋”，保障农民群众的文化权益。打造陆丰县总农会旧址红色文化阵地，让广大党员干部聆听故事，追寻红色印记。筹资120多万建设老年活动中心，为村里老人的文娱生活提供活动场所；筹资购买乐器，组织30多名文艺爱好者排练演出，挖掘已停办40多年的《陆驿轩》曲班，弘扬优秀历史文化，不断满足老年群体日益增长的精神文化需求。整治老年活动中心对面小广场乱停车现象，并采购音响设备，动员周边群众参与广场舞健身活动，改善村民精神风貌。2021年4月，六驿村被汕尾市精神文明建设委员会评为汕尾市文明村。

总农会旧址

2. 推进美丽圩镇建设。集体经济的蓬勃发展为村内基础设施建设提供了有力的资金保证，在改善农村生产生活基本条件方面发挥了重要作用。早在2004年，六驿村党组织就先后投资300多万元，把全村大大小小的街道、巷道都铺成水泥路，实现全村巷道硬化，被陆丰市委、市政府评为行政村公路建设先进单位。六驿村充分发挥基层党组织的模范作用，在村党员干部的有力推动下，2019年利用集体收入修缮三座无公害卫生公厕。2020年建成村卫生站，并开始对全村自来水管道进行升级改造。同年年底，在陆丰市政府的大力扶持下，铺设完成六驿路沥青路面并利用集体经济收入完成道路两旁人行道修缮及路灯亮化工程。让村貌“增颜值”，村民“住舒心”。在补齐基础设施短板的同时，六驿村抓好抓实环境卫生提升工作，村每年投入50余万元保洁费用，落实好日常保洁，做到垃圾每日清运、道路干净卫生，保持人居环境“洁净美”。困扰村民生活生产的烦心事、愁盼事得到有效解决。

3. 坚持发展成果共享。六驿村党总支本着“为村民办好市场，办好市场为村民”的理念，坚持集体收入集体受益原则，积极落实民生保障工程，重点为群众解决“看病难”“读书难”等问题，让广大村民共享村集体经济发展成果。自2003年起，村每年出资为全体村民办理新型农村合作医疗保险，使全体村民人人享有医疗保障，切实解决村民看病难、治病贵问题。村党总支重教兴教，大力发展教育事业，投入资金100多万元扩建校舍，增添教学设备，改善办学条件，把原炎龙小学升级改造为九年制六驿学校。设立助学金，帮扶失学辍学学生。对于家庭困难，特别是单亲家庭和残疾人家庭的子女，都给予特殊经济资助。村里长期设有升学奖励金，对考上大专的村

爱心（长者）食堂

民子女奖励800元，考上本科奖励1000元；自2020年起提升额度为大专1000元、本科1500元。2009年，六驿村被评为东海镇大办教育“先进单位”；2016年，六驿村再次被评为东海镇教育“双创”先进单位。随着集体经济的蓬勃发展，村里人丁分红由每年100元逐年提高至每户每丁口1000元。此外，村党总支每月还为村里困难群众送去粮油；设立爱心食堂，为留守老人解决“吃饭难”问题，实现就近就餐；每年为70岁以上高龄老人送去慰问金。金驿市场的成功运营也为村民创造更多的就业机会和创业条件，尤其是为部分贫困户解决了就业问题，村里部分贫困户即在金驿市场担任保洁员。

（四）筑牢治理“平安线”，解决“治理低效”问题

六驿村全面深化实施“田”字形基层治理体系，用好用活“大数据+网格化+群众路线”机制，数字赋能基层治理，全力填好“平安报表”。

1. 夯实“网格管理”。打造“6+24”网格队伍，即街道分派6名专职网格员加村出资招聘24名村治安队员，组建一支由村书记为队长的30人网格联防队伍，统一配备巡逻摩托车和警用装备设施，壮大基层服务队伍，实行24小时3班倒不间断巡逻，配合公安机关打击黄赌毒假等违法犯罪活动，保障市场顺利运行，巩固社会和谐稳定，确保居民安居乐业。

2. 用好“民情地图”。深入贯彻落实“田”字形基层治理体系，数字赋能治理，以“民情地图”平台为载体，建成“人、事、地、物、组织”的数据库，推动乡村治理数字化转型，及时掌握村情民意，有力化解矛盾纠纷，切实做到知晓民情精细化、社会治理智能化、服务群众便捷化。此外，结合市场内每条巷道安装24小时监控摄像头，做到专人监控，有效维护了村内形势平安稳定，为经济高质量发展保驾护航，发展态势一片良好。

三、未来规划

（一）强化任务落实

以“明珠一号”攻坚行动为抓手，加强组织领导，压实工作责任。高位推动农村人居环境提升攻坚行动，对标对表细化方案，紧盯问题抓整改，突出重点快落实，典型示范促提升，健全完善日常保洁和长效管护机制，清单化推进六驿人居环境提升各项任务落实落地。

（二）选优配强“领头雁”

注重从外出务工经商人员、退役军人、返乡毕业大学生等优秀党员中选拔“两委”干部，着力选优配强村级“领头雁”，并充分发挥农村职业经理人示范带动作用，总结试点经验，因地制宜施策，实现试点出经验、推广有成效，促进村集体经济增收。充分发展挖掘后备力量，加强培育优秀后备干部，实现学历高、年龄轻、结构优、能干事的后备阶梯队伍。

（三）做好配套，聚焦产业发展

做好金驿市场相关配套公共设施修缮管护，定期升级改造，优化市场环境。加快推进村道路破损的修补，更新维护村广告栏和视频监控、路灯等道路基础设施。

（四）探索经济发展新模式

以电商“新业态”为“突破口”，结合现有传统批发市场，统筹协调收购陆丰融媒体中心信号干扰台用地，规划建设六驿电商大楼，项目用地面积4152.48平方米，总建筑面积13066.57平方米，主体建筑建设8层，涵盖3层综合商业楼层、5层零售商业楼层及1层地下室，打造电商“孵化基地”赋能村集体经济“破壳壮大”，助推集体经济再上新台阶。

金厢镇下埔村

红色立村、发展强村、和谐兴村

根据市委、市政府和镇党委、政府有关工作部署，下埔村立足本村红色资源，牢牢把握“红色立村、发展强村、和谐兴村”发展定位，坚持党建引领，进一步强基础、重创新、求实效，持续推动“红色村”提档升级，助力乡村振兴工作落地见效，谱写“红色下埔”高质量发展新篇章。

一、乡村发展概况

（一）基本情况

下埔村位于广东省陆丰市金厢镇，下辖3个自然村，共有523户，总人口3520人，“两委”干部5名，平均年龄48岁，全村党员83名。下埔村是一个拥有优良革命传统的老区村，是海陆丰地区农运活动活跃地区之一。1927年南昌起义后，周恩来由叶挺、聂荣臻、杨石魂陪同，在下埔村属下的黄厝寮自然村村民黄秀文（时任中共南塘区委书记）家养病，后从金厢镇洲渚村渡海到香港。

（二）发展历程

2017年起，深圳罗湖区委党校驻下埔村工作队与金厢镇委、下埔村委，以加强党的组织建设为龙头，充分发挥党员先锋模范作用，强力推进下埔村的脱贫攻坚和乡村振兴。充分利用红色旅游资源，对周恩来活动居址进行修缮并对外开放，迄今吸引了超过80万人次的参观者前来追忆红色革命岁月，为村民带来了过百万元的红色旅游收入。2018年，深圳万科集团响应“万企帮万村”和“深企帮千村”行动的号召，加入对下埔村的精准帮扶中来，至今已累计投资约9000万元用于下埔村的基础设施和红色旅游项目建设。现已完成或基本完成金厢红色文化馆广场、周恩来活动居址广场、黄厝寮村民广场、黄厝寮儿童乐园、下埔足球场、下埔村民中心、下埔小学改造、周恩来渡海纪念公园等建设。

村居俯瞰全貌图

（三）区位条件与资源禀赋

下埔村位于金厢镇东部，距离汕尾市中心35公里，距离陆丰市中心10公里，对外交通干道主要有228国道，交通优势明显。随着陆丰南站的建设，与深圳市生活圈缩短为1.5小时的距离。

下埔村山青水绿，村庄现状形成“山、水、田、村”的传统格局，水域以村庄水塘和水产养殖鱼塘为主，山林、农耕资源有待开发。红色文化资源丰富，依托周恩来活动居址、古井、虎洞、古驿道、金厢红色文化展馆等景点发展特色旅游，开发红色旅游路线。周恩来活动旧址位于黄厝寮村，2004年被确定为汕尾市文物保护单位，为汕尾市红色革命教育基地之一；周恩

党建文化广场

红色文化馆广场一角

来同志藏身处——“虎洞”，即在西山脚下树叶最茂盛的地方的下面的一个由几块大石头组成的山洞，2019年被广东省党史研究室评为广东省革命遗址；金厢红色文化馆位于黄厝寮村，为汕尾市党员教育基地。

（四）经济社会发展总体情况

1. **农业生产**。下埔村耕地面积677.8亩，主要种植水稻，年粮食总产量达到506吨。近年来，村内兴起了多家以合作社为主的新型农业经营主体，有效提升了农产品的附加值。

2. **村集体经济**。2023年下埔村集体经济收入达到约60万元。通过发展特色农业和乡村旅游，村民人均可支配收入达到2.5万元，高于周边地区平均水平。

3. **基础设施建设**。村内完成了水电路气和通讯基础设施的全覆盖，所有村民家庭都能享受到稳定的供水、供电、路网和网络服务。农村人居环境得到显著改善，村道两旁绿树成荫，河流得到有效治理，水质明显改善。

水产养殖池

4. **公共服务**。村内建有卫生室、文化活动中心和幸福食堂，基本满足了村民的健康、文化和社会服务需求。

5. **乡村治理情况**。下埔村的基层组织建设健全，村委会与村民小组有效协同，形成了民主管理和决策机制。同时通过开展丰富多样的文化活动和精神文明建设工作，村民的文明意识和社会责任感显著提升，村庄整体呈现出和谐、积极向上的氛围。

二、乡村振兴的措施和成果

（一）坚持党建引领，把牢高质量发展核心

在乡村振兴工作推进过程中，下埔村充分发挥村党组织中战斗堡垒作用。

1. **建强组织体系**。下辖三个自然村分别设立党支部，把支部建立在村组上，三个自然村的村民小组长均为党支部书记，落实村各类组织向村党组织汇报等制度。强化“百千万工程”村党总支书记“头雁”作用，全面提升村“两委”干部的履职能力，依托“三会一课”“主题党日”等

制度，深入学习贯彻习近平新时代中国特色社会主义思想、党的二十大精神、省市高质量发展大会精神，以理论指导实践，为推动高质量发展提供坚强的组织保障。

2. 拓宽服务阵地。重视主题阵地引领作用，一方面，立足“突出党建、传承文化、助推发展”目标，积极推进村史馆建设；另一方面，将党的二十大精神和习近平新时代中国特色社会主义思想融入阵地建设，让老百姓在潜移默化中践行新时代党的路线、方针和政策，凝聚起干群融入高质量发展的精气神。目前已建成“不忘初心　牢记使命”“永远跟党走”“中华传统美德”“社会主义核心价值观”等多个主题阵地。

3. 发挥模范作用。下埔村持续深入开展红色村党建示范工程，大力开展“亮身份、作承诺、见行动”活动，通过在全村83名党员家门口悬挂“共产党员家庭”标识牌，设立“党员中心户”，利用“党员户”挂牌树榜样，引导党员作表率。

（二）推动经济发展，注入高质量发展动力

坚持“党建+红色旅游”的发展模式，依托周恩来活动居址、虎洞革命遗址等红色资源，与周恩来渡海处连片打造，大力发展红色旅游产业，打造红色发展引擎，带动下埔村红色旅游经济高质量发展，切实填好“经济报表”。

1. 大力发展红色产业。依托周恩来活动居址等红色革命遗址，大力发展红色旅游，为各地党员群众提供学习参观、追寻伟人足迹创造条件。截至目前，共接待各类党建团体1000余个，游客近百万人次，年均游客量超过30万。在红色旅游的带动下，下埔村由2016年的6间小杂货铺，发展到现在共57家商业场所，营业额由20万元增加到424.8万元。

2. 壮大村级集体经济。以壮大新型集体经济为突破口，强化新型农村集体经济高质量发展。利用省级以上扶持资金45万元，打造“红色旅游停车场”项目，该项目现已完成建设投入使用，并产生效益。同时，下埔村利用深圳罗湖区委党校帮扶资金，结合扶贫攻坚专项资金在黄厝寮村投入建设“红色木屋”工程，共建设16间经营性资产门店并投入使用。目前，下埔村集体经济收入已突破50万元大关。

（三）优化人居环境，打造高质量发展样板

以开展人居环境整治工作为抓手，下埔村积极推行“红色带动，党建引领，群众参与”整治模式，持续靓化整体村容村貌。

1. 志愿服务显担当。成立“下埔村党员志愿者服务队”，拓宽党员服务联系群众的渠道。党员主动落实自家门前“三包”责任，深入村口巷道清理生活、建筑垃圾，加大宣传力度，发动村民共同参与，以实际行动践行创文创卫精神，实现村容村貌靓丽蜕变。

2. 群众参与聚合力。在党员的带领下，村民看在眼里，纷纷效仿，开始自觉维护村庄整洁，形成党群合力，坚决向“脏乱差”宣战。网格联防队员成立巡逻队伍，对不定时定点投放垃圾、在村主干道两侧乱摆乱占等不良行为进行劝导。

3. 长效机制保成效。建立健全保洁长效管护机制，推动保洁长效管理工作制度化、规范化、常态化。人居环境大整治之前，村民们大都“自扫门前雪”，走地鸡随处可见，生活、建筑垃圾乱扔乱放时有发生，如今村庄更加干净整洁，在全市人居环境评比中，下埔村多次被评为“最美丽村（社区）”。

（四）深化基层治理，强化高质量发展保障

深入践行新时代“枫桥经验”，围绕“小事不出村、大事不出镇、矛盾不上交、服务不缺位”目标要求，创新方式方法，推动基层治理走深走实。

1. 基层党员“挺出来”。依托“民情地图”，深入实施“镇—村—组”党组织体系和“大数据+网格化+群众路线”的“田”字形基层治理体系。组织38名基层党员深入网格联系群众，每名党员联系5户，注重留意村民发出的“弱信号”，想群众之所想，急群众之所急，解群众之所忧，确保做到“矛盾不上交、平安不出事、服务不缺位”。据统计，下埔村网格联防队员累计上传工作日志809条，处置事件340宗，办结率100%。

2. 镇村干部“沉下去”。由驻村领导、干部牵头，村“两委”干部配合，入户与群众面对面讲法律、讲村情，将村民邻里、朋友、亲属之间的小矛盾、小纠纷化解在基层一线，引导形成“村里事”变“家家事”的村民自治行为，群众由“推着干”向“比着干”“争着干”转变，真正把调处化解工作做到群众“家门口”，打造“小事不出村”的和谐氛围，进一步提高基层社会治理的效能。

（五）倡导文明创建，丰富高质量发展底色

下埔村全面提升乡风文明，大力开展移风易俗倡树文明新风活动。

1. 打造文明服务阵地。将之前垃圾成堆、臭气熏天，严重影响村民生活的废弃地，打造成为村里新时代讲习所、“红色驿站”，经常性组织党员上党课，宣讲党的路线方针政策。

2. 强化文明队伍建设。在党总支部牵头带领下，下埔村组建了由村团支部、妇联、社工等群团组织组成的新时代文明实践服务队伍，除了常态化开展普法教育、政策宣传外，还带头组建下埔广场舞队、下埔村妇女爱心服务队，让文明队伍建设更加接地气。

3. 丰富文明活动形式。利用新时代文明实践站点平台，不定期举办“家庭急救和保健”“推广垃圾分类”等老少皆宜的各类讲座，在村里开办跳蚤夜市，开展创文“贺岁杯”足球赛、文艺演出等形式多样的活动，以群众喜闻乐见、贴近民生的文明实践活动，丰富民众文化底色，进一步为高质量发展注入活力。

（六）着力推动绿美建设，打造生态文明典型村

积极推进植树造林项目，结合当地地理环境和气候条件，选择适宜的树种进行植树造林。在村的主要道路和公共场所内进行绿化景观打造，通过种植花草树木、修剪整齐、合理布局，营造出美观、宜人的环境。

黄厝寮村民广场

开展环境教育宣传活动，提高村民的环境保护意识，鼓励他们村民积极参与植树增绿行动。截至目前，下埔村发动各方力量植树1700余株，有力推动了当地生态文明建设。

三、未来乡村振兴发展主要规划

（一）全力推进连带成片示范片区建设

1. **挖掘传统民俗文化。**挖掘地区特色民俗文化、挖掘妈祖文化、海洋宗教文化等传统民俗文化，提升民俗文化开发水平和市场价值。

2. **打造“山、田、居”三大板块。**形成红色文化组团、山林康养组团和农耕文化组团三大板块。

3. **打造红色文化教育基地。**承接爱国教育、党员学习等红色文化教育活动；打造休闲农耕亲子乐园；分区打造学农体验区、果蔬采摘区、荔枝采摘区；打造户外运动康养基地，开发露营基地、驿道徒步、户外瑜伽等休闲康养类项目。

（二）推进红色文旅升级改造建设

进行下埔村停车场改造、清理黄厝寮村红色街原先壁画，重新打造艺术浮雕壁画、美化彩绘墙面及外墙面改造、金厢红色文化馆改造、黄厝寮村游客服务驿站、公厕改造及游客中心加设母婴室、停车场管理房改造、景观廊架。

将下埔村致力打造成为“广东省精品示范村乡村振兴片区发展先行区”“广东省乡村振兴片区发展示范区”“汕尾市乡村休闲旅游精准扶贫示范区”和“汕尾市红色旅游康养示范区”。

村内农房外立面改造

四、未来展望

下埔村将坚决贯彻落实上级决策部署，持续巩固省定“红色村”党建示范点成色，以党建示范为引领，踏踏实实、一步一个脚印地走实、走好高质量发展的有力步伐，努力实现从建设美丽乡村到经营美丽乡村的蜕变。

碣石镇浅澳村

党建引领促发展 乡村振兴展画卷

一、浅澳村基本情况

（一）历史沿革

浅澳村标

浅澳村始建于明末清初，隶属陆丰碣石镇，碣石镇作为岭南粤东地区的海防重镇，明洪武二十二年，为抵御沿海倭寇侵犯，遂正式设立“碣石卫”，清康熙五十六年，总督杨琳督建粤东8座炮台，作为海防前沿阵地的浅澳也建有一处炮台。道光十三年，总镇台师兵中营游击府向海边前移200米重建炮台，戍守的官兵齐捐银两在原炮台基址旁修建浅澳天后宫。故此，浅澳天后宫成为境内外唯一由官兵捐资建造的妈祖庙宇，闻名遐迩，2003年被陆丰市文物局列为保护文物单位。

（二）地理区位

浅澳村位于陆丰市东部，碣石镇碣南半岛田尾山麓南部，距镇政府所在地8公里，东邻后埔村，南界太平洋大海，西连大海大德山，北隔白龙山。地处高山沿海地带，二面环山，二面向海，海岸线长约2公里，以“神、海、沙、石”兼备，海岸岬角与港湾交错，山崖突兀，绿树婆娑，风光旖旎而闻名。浅澳村曾是省级贫困村，位于汕尾市乡村振兴滨海走廊示范带上，324省道南沿到镇政府，经自然村穿境可达，距离内湖高速互通口25公里，距离高铁陆丰站32公里，陆丰东站开通后将更近约26公里，交通便利。可见，浅澳村是发展乡村旅游的理想地。

浅澳沙滩

（三）自然禀赋

浅澳村面朝碣石湾，地处要塞，碧波荡漾、茂林成荫，气候宜人，总面积2.6平方公里，其中耕地532亩（水田160亩），人均耕地0.192亩，实际耕种208亩，已流转耕地208亩。山地面积1500亩，森林覆盖率90%，属生态公益林。浅澳曾是一个世世代代以渔业为主的渔村，主要以浅海作业为主，捕捞的特色渔产品有鳗鱼、马鲛、鲳鱼、马友、英鲳鱼等鱼类。

浅澳新村貌

鲲鹏海宴旅游度假基地

（四）旅游景观

浅澳村三面环山，一面向海，具有丰富的人文景观和自然景观。自然景观有长约2公里海岸线，海水清澈碧绿，沙滩洁白无瑕，100米内的近海水深度都在0.5到1米之间，相对较浅，即浅澳地方名称的由来。区域内有石景千姿百态，惟妙惟肖，形态万千，奇石异景数不胜数，堪称石景公园和绿树婆娑的田尾山，属于大自然的鬼斧神工。拥有美轮美奂的闽派建筑、历史悠久的天后宫、距今300多年历史古炮台、有抗倭名将俞大猷在此连破倭寇的英雄事迹和田尾山上驻军战壕、瞭望塔、营房等历史、宗教文化遗产等。浅澳村曾获得广东省第一批文化旅游特色村，中国最美露营地，广东最美乡村微视频人气投票排名第一等荣誉，作为游览点之一列入“广东省首批乡村旅游精品路线——红色堡垒、黄金海岸”之中，入选第二批“全国乡村旅游重点村备选村”名单，旅游发展潜力巨大。2023年11

综合性文化服务中心

月，浅澳村入选“百县千镇万村高质量发展工程”首批典型村，是2024年中央扶持壮大村级集体经济试点村。

（五）党建和村干部人才队伍建设情况

浅澳村党组织设党支部，下设党小组2个，全村党员42名。其中，35岁以下14名、占33%，60岁及以上15名、占38%；女党员14名；初中及以下学历17名、占40%，高中学历6名、占14%，大专及以上学历19名、占42%。党龄30年以上党员13名，50年以上4名。村“两委”干部4名，其中支委3名、村委1名，有交叉任职2人；没有35岁以下干部，60岁以上干部1名；初中及以上学历干部3名，其中女性1名。村党组织书记任1届，书记、主任、经济联合社一肩挑。

（六）经济产业

浅澳村以打造乡村旅游及乡村振兴示范和标杆为目标定位，依托现成的自然风光及资源优势，大力发展乡村旅游业，推动乡村振兴发展。已建成“鲲鹏海宴”旅游度假基地，住宿、餐饮、娱乐等设施齐全，在住宿（民宿）方面配套包括房车、集装箱钢构、木屋、村民民房改造的民宿等旅游设施，与浅澳村天然资源相呼应，具备强烈的标识性、画面感、新奇感、个性感与认同感，浅澳村已逐步发展成为网红打卡点，目前虽处于旅游发展雏形阶段，但自媒体的点击量多达450万次左右。据不完全统计，2024年游客量约85600万人次，创造旅游经济总值约2500万元。每户年人均可支配收入约15000元，全村经济年收入约5500万元，其中村集体经济收入约197万元，主要来源为：市场、农田等。其中林地总出租金约19万元；补助收入约167万元；其他收入约10.6万元。

项目开工前期，陆丰华润希望小镇项目组联合陆丰市政府工作专班、重庆市设计院褚冬竹团队深入开展入户调研和实地勘察，针对小镇的地形地貌、自然生态、居民生产生活等情况进行充分研究，完成了整体规划设计，并对多处民居进行了改造，形成“滨海民居”新样板。

作为滨海路民居的起点，一家名为“时光小站”的二层商住民居格外引人注目，粉刷一新的蓝白色外立面与滨海环境融为一体。“我们通过对外立面重刷明亮色涂料，更换店铺门窗，设置雨棚、店招灯牌等，让整栋民居呈现出全新面貌，尽显滨海旅游度假的轻松与惬意。”

农房改造后的时光小站

（七）平安建设

1. 扎实开展宣传组织活动。在村内充分利用电子屏、网络微信群、公示栏张贴宣传海报、发放宣传资料、宣传手册、面对面为村民讲解购买医保好处，力求做到全民皆知、医保全民参保。

2. 扎实开展安全生产和消防安全排查整治行动。联合公安派出所等职能部门和网格联防员，在辖区内开展安全大排查大整治，全面排查各类安全隐患，特别是村内“三小”场所和渔船安全，切实做到排查一家、整治一家、根治一家，防范重大突发事件发生，加大交通安全劝导力度，在辖区海岸线设立严禁下海游泳警示牌，加强严禁下海游泳劝导，与浅澳小学密切联系，合力做好校园安全工作。

3. 多方联动强化乡村治理。村“两委”干部联合公安派出所、网格联防员等人员积极配合镇党委、政府在全村范围内常态化开展清理清查行动。加大涉毒涉枪，“洋垃圾”、非法组拼装摩托车、盗采海沙和“双反”工作打击整治力度和宣传教育力度，引导群众走正道从正业，持续巩固平安建设成果，为浅澳村全面释放乡村振兴活力营造和谐稳定的环境。

二、推进“百千万工程”主要做法和成效

近年来，碣石镇浅澳村紧抓乡村发展“压舱石”，充分盘活乡村资源和农村资产，深化农村“5+2”综合改革，推动要素资源优势转化为发展优势，以百千万工程促进乡村振兴，推动昔日落后小渔村蝶变旅游特色村，取得明显成效。

（一）强化“党建+环境整治”，让人居环境“美”起来

碣石镇浅澳村党支部充分发挥党组织战斗堡垒作用，牢牢把握实施乡村振兴战略的有利契机，把组织资源转化为发展资源，以党组织的“一马当先”引领全村各项工作。在“三清三拆三整治”行动中，充分发挥党员示范作用，带头拆除自家的破旧泥砖房，让村民们从误解到理解，从观望到配合，从“要我拆”到“主动拆”。为进一步激发村民打造美丽庭院的积极性，浅澳村开展了“最美庭院”评选活动，对当选家庭实行上门挂牌，引导村民学先进、争做先进，养成爱护环境卫生的良好习惯，成为环境整治的参与者和受益者，形成群众自觉维护环境卫生、共同管理的长效机制。

（二）强化“党建+旅游发展”，让农村经济“壮”起来

实现乡村振兴，产业兴旺是根本；巩固脱贫攻坚成果，增强“造血”功能是关键。浅澳村党支部立足实际，依托丰富的自然景观和人文景观开展3A级景区创建活动，以“看得见山、望得见水、记得住乡愁”的美丽乡村形象，发展乡村旅游，引领乡村旅游新时尚新潮流。充分利用丰富的海岸资源、红色资源、历史文化资源和宗教文化资源，投入资金分批建设房车基地、海滨共享浴场、花海及婚纱摄影基地、马术俱乐部、炮台广场、人文木屋等项目，全力打造集旅游度假、

村道提升“白改黑”

发展规划展廊

休闲娱乐、海岸体验、科普教育、康体养生于一体的复合型滨海旅游度假区。同时，积极引导村民利用民房发展民宿，结合景区的房车营地及休闲餐厅，满足游客的食宿需求，旅游业的发展更是有效带动当地海鲜产品及干货销量提升，进一步增加村民收入，“绿水青山就是金山银山”已成为浅澳村的真实写照。

（三）强化“党建+文化培育”，让乡风文明“活”起来

浅澳村坚持文化引领、内外兼修，把乡风文明建设融入乡村振兴的全过程，建立健全“一约四会”，深入开展星级文明户创建评比活动，在村中涌现出一批“先进模范”和“文明家庭”。着力完善文化阵地，在村中醒目位置修建了党建主题广场、综合型文化服务中心、露天戏台等文化交流平台，让村民在业余生活中感受红色文化的熏陶，在红色文化熏陶中凝聚向上向善的正能量。同时，创新宣传教育方式，将“中国梦”、社会主义核心价值观等内容与沿路建筑外立面墙体美化巧妙结合起来，通过图文并茂的方式来展示，无论是村民还是游客，沿途经过都会在潜移默化中接受传统道德和现代文明的浸润，取得春风化雨、润物无声的宣传效果。

（四）强化“党建+基层治理”，让乡村治理“强”起来

浅澳村党支部认真贯彻执行新时代党的建设总要求，把党建引领基层治理工作摆在突出位置，严格落实党支部书记抓党建“第一责任人”职责，努力探索形成既具有本支部特色又能体现时代性、把握规律性、富于创造性的党建工作思路和方法。同时，通过加强理论学习、抓好教育培训、规范党内组织生活、开展主题党日活动等措施，不断夯实基础、练好内功，进一步提升党组织的向心力、凝聚力和战斗力，为各项工作高质量开展提供坚强保障。在开展“扫黑除恶”、禁毒等工作中，第一时间成立领导小组，压实责任、狠抓落实，通过设立党员责任区、加强排查

整治、强化宣传教育等一系列行之有效的方法，保持社会长期和谐稳定，吸毒率、犯罪率均远低于全市平均水平。

三、下一步发展计划

结合碣石镇、浅澳村发展现状和规划，拟整合全域资源，以浅澳村为中心创建华润希望小镇。

（一）建设内容

1. 浅澳村文旅产业项目（包括房车营地、民宿酒店、酒吧俱乐部等）。项目占地面积1000平方米，其中对海鲜市场进行拆除新建。建设3层，1层设置餐厅，2、3层设置民宿共同体。打造房车营地，用地规模初步拟定5000平方米。

2. 浅澳村基础设施项目。包括全村巷道整治，外立面美化提升，打造三个主题公园及其他市政工程。拟打造三个主题公园总体项目占地面积在3000平方左右；另外全村巷道整治提升30—40条，总长度3—4公里；外立面美化提升300—400栋民房及其他闲置房屋等。

3. 基础公共服务项目。包括新建农贸市场，会议中心，游客服务中心，及停车场等，拟新建农贸市场项目占地面积在1000平方；会议中心及游客服务中心配套设施设备升级提升；规划建设500个停车位，占地大概6500平方米。

（二）资金来源及构成

陆丰华润希望小镇将按照“百千万工程”高质量发展要求，遵循“环境改造、产业帮扶、组织重构、精神重塑”的目标愿景，通过建设生态宜居、产业兴旺、治理有效、乡风文明的美丽新农村，帮扶希望小镇一、二、三产健康融合发展，倾力打造宜居宜业宜游新浅澳，全面推进乡村振兴。

华润集团在全国建设的首个沿海希望小镇，项目总投资1.44亿元，主要包括旅游配套提升、民居改造提升以及公共服务设施提升等工程，将有效推动文旅高质量发展，全力打造“百千万工程”央地合作新典范和世界级精品渔村。

陆丰华润希望小镇项目占地面积约59万平方米，总建筑面积约7.25万平方米，项目坚持以文化传承、产业发展、精微介入、渐进更新为原则，建设内容包括新建米兰花酒店、海风集市、游客服务中心、海月湾广场等旅游配套设施，改造党群服务中心、浅澳小学、卫生服务中心、菜市场、海角图书馆等公共服务配套设施，提升滨海路、主要街巷、海防科普步道、炮台遗址公园和避风塘等景观设施，推动当地文旅产业高质量发展。

河东镇青山村

党建引领谋善治　砥砺奋进青山村

近年来，青山村在河东镇党委的领导和支持下，坚持以乡村振兴为统揽，围绕广东省“百县千镇万村高质量发展工程”，汕尾市委党建引领“三六九”工程和陆丰市委“奋力裂变发展，实现蓝色崛起”的决策部署，织密建强组织体系，以深圳驻镇帮镇扶村为契机，立足山水田园资源，发挥自然生态优势，以“山水画廊”乡村振兴示范带建设为契机，以“党建+招商、党建+产业、党建+治理”为抓手，推动一二三产业融合发展，为乡村振兴注入生机活力，持续开创“百千万工程”新格局。

一、基本情况

村居俯瞰全貌图

青山村位于陆丰市河东镇北部，2015年成立行政村，紧邻螺河东岸和省道S240沿线，交通区位便利，下辖蕉坑、芸头、燕东3个自然村，户籍人口3100人，常住人口1306人，现有村“两委”干部5人，党员31人。全村总面积4平方公里，以丘陵为主，耕地面积1200亩，林地面积3834亩，以农业、文旅为主要经济收入，主要发展荔枝、稻谷、马铃薯等农作物种植。

青山村是陆丰市十大共同富裕示范村之一，是一个拥有着“绿水青山”的好地方，更是一块让人心动的红色热土，大革命时代澎湃同志曾几次莅临该村指导土地革命，村内现有“蕉坑农会遗址”“蕉坑伏击战遗址”等红色革命遗址。该村先后获广东省文化和旅游特色村、广东省乡村振兴示范村、广东省乡村治理示范村、广东省家庭文明建设示范点、广东省汕尾市创新城乡社区治理示范点、广东省美丽汕尾市文明村、广东省“美丽庭院”示范户、汕尾市“美丽庭院”示范户、汕尾市“美丽庭院”示范村、陆丰市基层党建示范点、广东省汕尾市文明村等荣誉称号。村内现有广东中荔汕尾公司、广东吉鑫农业有限公司、陆丰市沉悟文化传媒等10余家企业，村集体经济年收入为63.59万元。

二、主要做法和成效

（一）强化党建引领，提升“百千万工程”治理效能

持续巩固深化党建引领基层治理促乡村振兴“青山样板”，积极发挥村党支部战斗堡垒作用，切实把党的政治优势、组织优势、密切联系群众优势转化为强大治理效能，为推动“百千万工程”高质量发展夯实基础。

1. 强化理论学习阵地建设。推动党建主题公园建设，将新时代文明实践站、“青山村党建大舞台”“洗鱼溪战斗（蕉坑）”“蕉坑村农会遗址”融合打造成党员教育、文化滋养的载体平台，赓续红色血脉，激发前进力量。

2. 全方位延伸基层服务触角。纵深推进“田”字形基层治理，统筹驻村干部、驻村民警、网格员、党员中心户、驻村社工、第一书记和返乡走亲干部等力量，践行“一亲三心”，打通联系服务群众的“最后一公里”。2024年，累计走访群众共511户，收集各类社情民意57条，为群众及时解决“微小事”48件，警情同比下降11.8%，矛盾纠纷下降64%，全年未发生越级上访事件。

3. 夯实乡村建设。攻坚“明珠一号”人居环境整治，投入30万元开展“三清三拆三整治”项目，发动村民整治危旧房、铁棚寮11处，提升改造村居风貌 3 户；扎实推进农村厕所革命，实现3个自然村公厕无害化。争取深圳对口帮扶资金约300万元，修复村主要道路、机耕路等，不断补足民生短板。发挥陆丰市政协帮扶作用，打造“青山问政”“农业农村界别工作室”平台，多次组织政协委员献计出力。主动对接深圳市政协、深圳市慈善会、平安集团等单位，争取“汕尾市平安红色农旅益动小镇”项目落户该村。2024年1月，通过益动小镇项目成功举办深圳汕尾两地青少年公益研学活动，为两地青少年带来多方位、多层次实践体验。近2年来，“学习强国”“广东党建”“广东卫视”“南方+”等多家媒体先后报道河东镇、青山村乡村振兴工作成效93次。2023年第1期《广东党建》报道了河东镇青山村“实施‘两村’整治工程，释放发展潜力”；2023年

人居环境整治提升

农房外立面提升

2月《广东组织工作网》报道了河东镇青山村“以党建引领做强优势产业”；2023年4月11日晚《广东卫视新闻联播》“牢记嘱托，推动广东高质量发展——开创基层党组织建设新局面”专题报道了河东镇青山村党建基层治理工作；2022年，河东镇作为全省9个地市单位唯一一个镇级单位在全省农业农村局长暨乡村振兴局长会议作“驻镇帮镇扶村工作”经验介绍。

（二）绿美生态建设，为“绿美河东”贡献力量

为深入贯彻习近平生态文明思想，落实省、市关于绿色生态文明建设的决策部署，践行“绿水青山就是金山银山”的生态理念，让生态优先、绿色发展理念真正内化为广大群众的行动自觉，根植于心、践之于行。青山村设计绿美地图，打造绿美公园，积极动员广大群众参与绿美生态建设，发动乡贤、公司为绿美生态建设捐资53.5万元，2024年累计种植乔木1454棵、灌木5930棵，为绿美陆丰生态建设、助力“百千万工程”奉献力量。

绿美青山村

（三）招商文旅赋能，点燃“百千万工程”产业引擎

为解决青山村拥有好山好水好资源，但大量优质资源仍在沉睡，村产业发展模式单一，干部群众思想发展观念局限的问题，村党组织充分发挥毗邻中心城区优势，发展“半城郊型”经济，

叩响高质量发展大门。

1. 坚持粮食底线不动摇。深入做好“5+2”农村综合改革工作，将耕、种、防、收等环节“一体化”委托给支农合作社，让专业的人干专业的事，促进农民节本增收。

2. 力抓招商引资促发展。

（1）落实粮食安全责任。深化“5+2”农村综合改革，引进陆丰市支农农机合作社，形成耕、种、防、收等环节“一体化”服务，让专业的人干专业的事，促进农民节本增收。

稻田书吧

（2）培育荔枝新业态。盘活丢荒果园，实行“股票树”模式，鼓励村民“一树一股”入股村经联社，并由汕尾中荔嫁接改良红美人等优质品种60亩，以16.5%比例分红带动集体、农户增收15万元。连续3年承办汕尾市荔枝文化节，推动汕尾荔枝产业联盟落户该村，与平安集团签约合作，推进平安荔园建设，由平安出资100万元，采取“保险+荔枝+科技+公司+农户”模式，预计带动村集体增收10余万元。

理想文化集市

（3）推动多业态融合。依托“一村一网”、阳光玫瑰葡萄园、稻田书吧、文化街区、山上咖啡店等业态联动支撑，集聚资源。其中，文化街区连续举办18届文化集市；山上理想咖啡店利用荔枝林闲置老屋改造，成为网红打卡地；30亩阳光玫瑰葡萄亩产3000多斤，去年市场售价50元/斤推广全面售空，以3%比例分红至村集体，为村集体

理想荔园

增收12万元。

3. 激活资源禀赋夯根基。充分发挥驻镇帮镇扶村政策优势，积极争取深圳对口帮扶资金约500万元，修复青山村主要道路，修整机耕路、农田水利，硬底化村民广场，建设理想生活集装箱文化街区、稻田星空书吧等。从2022年8月起，青山村已成功举办18届文化集市，近3000平方米场地入驻摊位超80家，吸引入驻优质商户30余家，活动期间日均吸引人流量超万人，商户收入最高达1万多元，平均收入达5000余元。

（四）挖掘人才潜能，焕发“百千万工程”蓬勃生机

不断夯实“人才强村”根基，持续把人才引进、培养、服务等工作摆在突出位置，深入挖掘乡村“潜藏”的致富能手，推动乡土人才带动群众致富、带强产业壮大、带领经济发展，为“百千万工程”强力赋能。

1. 深入挖掘本地“潜力”。坚持“专业的事让专业的团队做”的理念，青山村党支部主动挖掘本土优秀创业青年，搭建创业平台，创新合伙人机制，将青山村理想集装箱街区特许经营权打包给创业青年团队，建立镇村与企业工作例会制度，定期与入驻企业召开推进协调会，及时解决发展中的问题，全力以赴为他们做好服务。

2. 注入人才振兴“活水”。2020年引进深圳市壹点科技有限公司“一村一网”项目，建立首个乡村振兴服务网点，围绕乡村振兴题材视频拍摄、制作和运营，“一村一品”农特产品检疫检测包装设计、仓储物流配送、拓宽销售渠道，开展电商、互联网运营和创业等培训业务。截至目前，共开展创业青年座谈会等活动26次，约800人参与。

3. 积极发挥联动“脉搏”。借助深圳驻镇帮镇扶村工作队“产地+市场”“线上+线下”可持续帮扶模式，在青山村成功举办了2022汕尾·陆丰“12221”荔枝市场体系建设暨农产品展销会活动，汕尾（陆丰）荔枝首次出口日本、新加坡、北美，在展销会期间，各企业、商家累计销售2634单，共计672万余元。此外，青山村积极对接广东中荔集团，谋划探索荔枝产品+陆丰非遗。

荔枝文化节

青山荔枝

三、下一步工作

将坚持问题导向，重点做好以下工作。

（一）加大招商引资

以省级纵向帮扶、深圳罗湖对口帮扶为契机，持续加大招商引资，以创建青山村3A级景区为目标，积极对接深圳市政协、深圳市慈善会、平安集团、中荔集团等单位资源，整合汕尾荔枝农业产业协会、共享农场、阳光玫瑰采摘园等“农文旅”业态，推动创建汕尾市平安红色农旅益动小镇项目。

（二）补齐短板弱项

紧扣“绿美”主题，在村内池塘边、机耕路边、登山道、村前小公园种植宫粉紫荆、香樟树、串钱柳、黄槐等1264株树苗，并发动村民参与美丽庭院建设，共绘绿美青山。此外，进一步完善村内基础设施，在争取上级资金同时，发动乡贤支持，筹划投入80万元实施蕉坑村小组巷道硬底化，投入250万元完善芸头村小组村前广场、环村路升级；投入30万元，侧重芸头、燕东两个村小组人居环境、风貌提升。

（三）做好运营文章

积极与进驻企业、青年创业团队深入对接交流，为企业做好服务，共同解决堵点问题，推动文化集市、共享菜园、电商平台等运营常态化、市场化，让企业“引进来”“留得住”“发展好”。

城东街道高美村

从“负债村”到“示范村”

一、基本情况

高美村创于明朝1490年，全村姓氏以陈姓为主，民系为潮汕。地处陆丰市城东街道东部、324国道北侧，距陆城中心9.5公里，沈海高速公路穿境而过，离陆丰高铁站500米，具有优越的区位优势和深厚的历史文化底蕴。户籍人口11148人、共2034户，常住人口6345人。土地总面积1782.66公顷，其中耕地9068亩（水田4658亩），山地面积16800亩，森林覆盖率85%以上。传统经营农产品有水稻、番薯、花生、芝麻、豆类、荔枝和龙眼，特色产品有茶叶、竹笋、海鲈鱼等，其中，高美乌龙茶曾获“汕尾市名牌农产品”和汕尾市“茶王”称号，高美茶、高美竹笋已入选“粤字号”农业品牌。

高美村是陆丰市十大共同富裕示范村之一，先后获得首批广东省“一村一品、一镇一业”专业村，“广东省卫生村”“广东省乡村治理示范村”等称号，高美村入选省第一批“百千万工程”典型村。

近年来，高美村紧紧按照省、市、街道“百千万工程”工作部署，立足“绿富美”定位，创新思路，多措并举，在助力乡村振兴和“百千万工程”展现担当作为，取得了良好成效。

二、主要做法和成效

（一）强根基固堡垒，搭好组织振兴“台柱子”

2019年上半年，高美村被定为“扫黑除恶重点村”“经济负债村”“全市环境脏乱差村”“软弱涣散村”，党建引领长期缺位，干群矛盾突出，村子陷入无序发展。为扭转这一不良局面，高美村党组织端正态度，梳理整改整顿工作任务。

1. 深入实施"头雁"工程。及时调整村"两委"班子结构，打造政治意识强、组织能力强、发展本领强、作风纪律强的带头人队伍。

2. 强化农村党员管理。在8个自然村设立了8个党支部，目前全村党员共有196人，近三年发展党员24名，建设服务意识强，党性意识强，先锋活力强的农村党员队伍。通过夯实基层党建工作，村级党组织凝聚力不断增强，村级各项管理制度逐渐完善，实现了"扫黑除恶重点村""软弱涣散村"的摘帽任务，群众满意度大幅提升。

（二）出实招算好账，摸清集体资产"家底子"

高美村有土地面积26740亩，受历史因素影响，高美村"三资"管理混乱，土地被非法侵占的现象较为突出，集体经济长年歉收。高美村以市"扫黑除恶"专项斗争为契机，开展打击霸占集体资源资产专项行动，进行集体资产清产核资及合同规范工作。

1. 制定印发《高美村清理不规范合同工作方案》，明确工作步骤、程序和办法。同时进一步压实责任，成立工作小组深入开展摸底排查，有序推进清产核资及合同规范工作。

2. 组织召开党群大会，保证清产核资工作各过程民主公开。会上高美村党委书记陈云棠向党员群众宣读方案，作意义说明，并以身作则将自己承包的不规范土地合同当众烧毁，无条件交还村集体，表明村党委强化集体资源资产监管决心，取得全民支持。通过凝聚共识、全域摸排、常态管理，高美村清理出不规范合同53份，收回违规发包土地10750多亩，为村集体挽回经济损失至少300万元。

群众表决清理不规范合同

（三）优规划促改革，鼓起农民群众“钱袋子”

激活农村闲置资源，增强村集体“造血”功能，是深入实施“百千万工程”，推动城乡区域协调发展的重要课题。高美村结合实际，打出“以地入社”、土地流转、整合“碎片田”的组合拳，实现农业集约化、规模化、产业化发展。

1. 推行农村集体经济组织股份制改革。以莲林小组为产权制度改革示范点，率先成立陆丰市第一个股份经济合作社，实行“以地易股入社”。在此基础上，全村推广股份制改革。目前，已成立高美股份合作经济联合社1个、股份合作经济社8个，界定联社成员11132人，量化股份15902股，颁发股权证1871本，实现“村集体有收益、群众有钱赚”。

2. 实现土地资源“化零为整”。为盘活闲置土地资源，高美村党委将招商的眼光投向种田能手、专业大户、龙头企业，先后引进广东国泰科技养殖有限公司、陆丰市广弘农业综合开发有限公司等企业，共签订近3000亩的土地流转合同，每年为村集体和村民带来近270万元的收入。

3. 探索“小田变大田”改革。高美村将党群服务中心前村民承包的土地作为试点，以产能为测算依据，交由村办企业高美供销有限公司经营。该地块田块集中、界址清晰、面积明确，托管后重新实现集约化、连片化、机械化生产，共复耕良田120亩，产量800—1000斤/亩，大大提高了高美村农业综合生产能力。为下一步全村推进“小田变大田”改革打下了坚实基础。

股权登记颁发仪式

（四）谋发展抢新机，牵牢产业振兴“牛鼻子”

乡村要振兴，产业必先行。高美村以头号力度做优做强“一茶一笋一鲈鱼”三大特色产业，助力“百千万工程”高质量发展。

1. 茶香飘出深山。高美村积极推动“陆丰茶乡”品牌建设，举办多届“高美茶”文化节，注册“高美茶、高美荔香”单枞茶商标，全面构建“种植、生产、销售”产业链，集中力量发展茶叶产业。目前，全村有公司、合作社、家庭农场、手工作坊及高美茶个体经商户等茶企业及生产单位200多家，茶园面积3000多亩，年产量近400吨，种茶户年收入超十万元，每年为集体经济增加近36万元收入。

2. 竹笋产业节节高。高美竹笋是广东省名特优新农产品之一。近年来，高美村大力扶持高美竹笋专业合作社建设，做好竹笋培育高产技术的推广，规范集约了高美笋的种植、加工、销售

高美村茶园

等环节，在专业合作社的辐射带动下，周边已有10多户村民参与到竹笋种植中，种植面积达2000余亩，年产量约100万斤，产值达300万元。

高美竹笋

3. 海鲈鱼游向全国。高美村通过招商引资引进的广东国泰水产科技有限责任公司在塭港上建成的海鲈鱼示范养殖基地是陆丰市省级现代化水产养殖产业园，具有成熟的从海鲈鱼种苗繁育、养殖到销售的产业链条，年产值达1450万元。该公司强化联农带农机制，将周边的1300亩鱼塘进行标准化改造，并为农户提供饲料、技术、设备、保价回购等支持，吸引65户农户签订合作协议。目前，该产业园区正在进行以烤鱼、酸菜鱼以及常温类海鲈鱼罐头为主的精深加工产品开发，面向B端和C端销售，已通过用地批准手续。

（五）建机制焕风貌，蹚出基层治理“新路子”

产业兴旺的同时，高美村深化农村乡风文明建设，以“小切口”带动“大变化”，努力写好

招商引资引进的广东国泰水产科技有限责任公司

物质文明和精神文明两份答卷。

1. 推进移风易俗。以村党支部书记为带头人，发动村内党员干部亮身份、做表率，通过强化村规民约约束功能，健全完善“一约四会”制度，发挥党员干部示范作用，引导群众转变思想，自觉摒弃陋俗。同时在尊重民风民俗的基础上，对随意设置、阻碍交通的神庙、神龛、神柱等设施开展清理、整合、迁移。在乡贤的大力支持下，建成一座“文化斋坛”，满足信徒和游客文化体验的不同需求，对于团结广大群众，促进社会和谐稳定，弘扬中华优秀传统文化等方面都具有重要意义。

2. 推进绿美生态建设。2024年以来，高美村牵头绘制了高美村绿美地图，成立了绿美委员会，组织召开了2次乡贤座谈会以及多次党群大会，大力发动党员群众、乡贤积极参与绿色高美建设工作。目前，高美村已投入120万元资金种植各类绿植10190株，其中乡贤捐赠43.6万元，自筹资金34万元，党员捐款3.5万元。同时，在各村小组分别打造了8个自然村村头公园。改善了人居环境，美化了村容村貌。

三、下一步工作

（一）坚持党建引领基层治理促乡村振兴

坚持和加强农村基层党组织领导地位，持续加强党组织建设，强化村干部队伍建设，不断增强党组织在党员群众中的凝聚力和影响力，妥善解决农村各种矛盾和问题，动员党员、群众共同参与发展壮大集体经济，全力推动建设共同富裕示范村。

（二）坚持深化农村集体产权制度改革保障发展需求

1. 持续推进“股票田”“股票塭”“股票山”改革。提高土地产出率、劳动生产率以及资源利用率。

2. 全面深化“农村集体经济合同专项清理行动”。通过申请司法等手段介入解决不合规合同，收回不合规出租土地并发包出租，多渠道盘活集体资源，为发展提供要素保障。

（三）坚持创新发展理念壮大村集体经济

1. 着力推进一二三产业融合。注重促进农业与农产品加工业的融合发展，提高农产品加工转化率。注重促进农业与第三产业的融合发展，提高农业的价值创造和就业吸纳能力。

2. 坚持擦亮高美品牌。引导“高美印象”“高美竹笋”等特色农产品走“差异化”“品牌化”“优质化”之路。目前，高美村正引进在品质、产量和抗病性方面有明显优势的脱毒甘薯苗，推动传统农业向高效农业转型升级。

（四）坚持发挥农民的主体地位改善人居环境

1. 要加强宣传引导。通过一条信息、一个评比、一封公开信等形式，唤醒村民的责任意识和主人翁意识，从源头上减少垃圾和水源污染。

2. 要做好资金统筹安排。调动企业、个体老板、爱心人士等社会主体力量出力、出钱、出物资，形成全社会总动员共建共享的良好局面。

（五）坚持聚焦人才所需营造良好发展环境

1. 加强沟通协调。通过规划、资金、管护等各方面的有效衔接，补齐基础设施建设短板。

2. 建立人才服务数据库。拓宽培育方式，强化“双向培养”，将乡土人才培养成党员，将党员培养成有一技之长的专业人才，特别优秀的发展为村级后备力量。

城东街道磨海村

党建引领探索乡村发展新格局

2023年以来，磨海村认真贯彻落实市委、市政府和街道党工委、办事处关于实施“百县千镇万村高质量发展工程”的决策部署，依托“谷乡慢城”乡村振兴示范带，以“宜居宜业和美”为目标，深入推进“5+2”农村综合改革，先后获得“广东省卫生村”“广东省乡村治理示范村”等称号，2024年3月，磨海村入选市“百千万工程”典型村名单。

一、基本情况

磨海村位于城东街道东部，东邻双寨村，南界水垅村，西连上陈村，北隔双山村，324国道穿境而过，交通便利。磨海村共有两个自然村，分别为磨海村、埔田村，户籍人口共有592户3015人，常住人口1639人。现有党员64名，“两委”干部4人，平均年龄39岁，均为大专学历。磨海村集体土地面积为4500亩，其中耕地1660亩，水田600亩，山林地2240亩，产业以水稻、番薯、荔枝、泰国枸杞菜种植以及水产养殖为主。

二、主要做法

（一）坚持党建引领，筑牢高质量发展“红色堡垒”

磨海村党总支部以党建示范引领，坚持上下联动、多方参与，结合城东街道发展规划，梳理磨海村工作清单，细化时间节点抓进度，以“头号力度”加快“百千万工程”典型村建设。

1. 释放党员干部“雁阵效应”。依托“三会一课”“主题党日”等形式，充分发挥党员干部的积极性、主动性、创造性，使党支部的凝聚力、战斗力进一步提高，村“两委”干部履职能力得到提升，党员队伍整体素质不断增强，形成“头雁领航”“群雁齐飞”的良好局面，飞出磨海振兴“加速度”。

2. 释放人才引育“鲶鱼效应”。注重从返乡青年、种养大户、乡贤能人中“就地取才”，依托街道党校师资开展本土技能人才培训80余人次。同时坚持党管人才原则，加大政治引领和政治吸纳，注重将有经济头脑、致富本领强、热心家乡建设的优秀人才发展为党员，目前已吸纳3名青年入党，为磨海事业发展“一池春水”注入新鲜力量。

3. 释放服务阵地“杠杆效应”。坚持将阵地规范化建设作为提升基层党组织政治功能和组织功能的必答题，通过发动乡贤，筹集34万元资金，以及向陆丰市委组织部争取20万元支持资金提档升级磨海村党群服务中心，现已进入施工阶段。将升级农家书屋、党员活动室、退役军人服务站等便民场所，为党员群众提供党务、政务、群团、文化等多功能“一站式”服务，运用磨海党群“小阵地”撬动“大治理”。

党群服务中心改造中

党群服务中心改造后

（二）厚植民生福祉，绘就乡村“绿色画卷”

良好生态环境是最普惠民生福祉，磨海村将修路治污、推窗见绿、环境整治等作为民生工程主抓手，积极推进宜居宜业和美乡村建设。

1. 打好基础设施“底子”。在街道党工委的大力支持下，磨海村“四好农村路”建设取得了实实在在的成效，全村共有硬化道路6公里，通达到2个自然村，不仅消除了部分路段的安全隐患，还能为运输销售粮食、蔬菜等提供极大的便利。同时，有序推进雨污水管网疏通、分流改造工作，有效缓解村庄内涝问题。此外，磨海村还在村内池塘边安装280米护栏，切实提升群众的安全感。

2. 扮靓村容村貌“面子”。磨海村深入践行习近平生态文明思想，推进五边四旁绿美植树及村庄绿地公园建设工作，动员乡贤、人大代表以树为媒，捐资捐苗、出钱出力种下一片“乡贤林”“代表林”。目前，磨海村共种植天竺桂、蓝花楹、紫薇、罗汉松等灌乔木1500余棵，打造情侣路、村前公园、郊野公园等绿美景点。

村内风水塘改造前

3. 做实文明乡风“里子”。建立健全“门前三包”“一月一测评”制度，统筹推进“三清三拆三整治”行动，加强宣传引导，增强群众主人翁意识，推动农村人居环境持续向好、乡风文明水平整体提升。2024年以来，累计出动百余人次，入户宣传102次，干群合力清运垃圾40吨。

村内风水塘改造后

（三）立足资源禀赋，晒出集体增收“金色账单”

磨海村是典型的传统农业村，在过去主要以水稻、番薯、荔枝为主等传统作物为主，集体经济薄弱。近年来，磨海村把发展壮大村级集体经济作为乡村产业振兴的切入点，以土地为破局点，深化“5+2”农村综合改革，走出独具自身特色的强村之路。

1. “三资”管理初见成效。磨海村成立清产核资专项工作小组，依托“入户联心”行动与村民面对面宣讲政策，获得支持，收回集体土地资源270亩。并利用承包户购买农业保险的契机，倒逼其自主写下承诺书，明确承租年限、范围和费用，有力打击侵占集体资产资源、恶意欠交、违规承包等行为，以实现600亩集体土地合同管理规范化、高效化。目前，磨海村产业集体经济已达到13.7万元。

2. 产权改革“点土成金”。磨海村首创“股票田”概念，坚持土地公有制性质不变，落实集体所有权，稳定农户承包权，放活土地经营权，更好地促进集体、农户双增收。磨海村埔田小组成桶坑原是一片撂荒长达10余年的荒地，因土地酸碱化、劳动力外出等原因，长期无人耕作，土地效益为零。街道党工委实地勘察了“成桶坑”，明确该地“股票田”改革的基本目标、改革主体和改革方向，随后制定相应工作方案，逐户动员村民以“一亩折10股”的量化方式与村经济合作社签订《土地折股暨委托经营协议书》，将耕地交由农民专业合作社经营管理，并发放股权证书，最终将71.75亩土地折为797.2股，其中农户持717.5股，占比90%，股份收益归农户自行支配；村集体持股79.7股，占比10%，股份收益用于发展村集体事业及公共服务。通过招商引资引入泰国枸杞菜项目，对农户委托流转的土地进行规模化种植，带来每股每年35元收益，实现土地效益从0到1的突破，并成为全市第一块“股票田”。如今，诞生于磨海村的“股票田”已经扩展至陆丰多个镇（街），并在汕尾市海丰、陆河等县（区）得到创新应用，成为激活农村土地资源、增加群众收入、推动集体经济发展的一大创举。在广东省委深改委评选发布20个发展新型农村集体经济典型案例中，以磨海为示范的汕尾市“股票田”改革案例成功入选。近年来，《汕尾日报》、陆丰市融媒体中心、《南方日报》等多家媒体先后报道磨海村“股票田”经验成效36次。2024年1月，南方日报报道《撂荒地蝶变“股票田”》，2023年12月广东省人民政府发布《广东省委深改委评选发布20个发展新型农村集体经济典型案例（一）：盘活利用资产资源案例（三）：汕尾市“股票田”改革 激活集体经济发展动力》，同年5月南方Plus报道《乡村振兴看陆丰⑥丨陆丰城东街道：“沉睡资产”变“增收活水”》，等等。陆丰市人民政府《2023年政府工作报告》提出，要推广应用“股票田”“股票宅”等经验，持续推动农村股权量化”。陆丰市委《陆丰市推进“百千万工程”“明珠三号”集成式改革攻坚行动方案》提到，要“深化拓展‘股票化’、连片流转、互换并地、土地托管等土地流转模式，完善土地承包合同管理制度，促进农业适度规模经营”。

“股票田”试点改革成员代表大会

三、下一步工作思路和主要措施

（一）强化土地要素保障

1. **加强与上级部门深度协作。**全面梳理辖区内重点项目用地审批进展、土地要素指标需求，充分借势“百千万工程”，组织各方力量合力攻坚，进一步快速解决指标需求、项目报批和审批进度，努力提高资源要素服务支撑质量和效率。

2. **深入开展清产核资及清理不规范合同行动。**对磨海村集体发包合同中存在的不合法、不合规、不合理的内容持续进行梳理、剔除、修订，依法规收回土地资源。

3. 加大宣传力度。提高广大农民群众对加快土地流转、发展规模经营意义和作用的认识，消除他们的顾虑，提高农民进行土地流转的自觉性和主动性。

（二）有序推动农村公共基础设施进村到户

1. 做好基础设施建设统筹规划，科学编制和谋划一批重点项目。

2. 积极争取项目资金。加强与上级党工委和相关单位的沟通，争取帮扶资金，统筹用于道路硬化亮化、便民设施建设等公益事业。

（三）探索特色经济发展新路径

1. 持续深入开展清产核资及清理不规范合同行动。对磨海村集体发包合同中存在的不合法、不合规、不合理的内容持续进行梳理、剔除、修订，保障合同的合法性和公正性。

2. 调整产业结构，加快打造106亩“磨海村枸杞菜”基地。建立“生产—加工—销售”全链条机制，统一进行枸杞菜采摘、加工、包装工作，增加村民就业岗位，带动磨海村实现农业现代化，创造长远的经济效益推动农村产业多元化发展。

03

第三编

海丰县乡村振兴典型案例

海城镇

“农”墨重彩绘振兴

近年来，海城镇深入贯彻落实市委、县委关于乡村振兴工作部署，深入实施“百县千镇万村高质量发展工程”和党建引领“三六九”工程，聚焦乡村基础设施建设、人居环境整治、公共服务补给，大力发展茶叶产业、生猪养殖、文旅融合等项目，重点突出农村精神文明建设、乡村基层治理，努力推动乡村产业、文化、生态、组织振兴，致力建设乡村振兴样板。

海城镇生态风貌

一、基本情况

海城镇是海丰县城政治、经济、文化、交通、商贸中心，是海陆丰革命老区核心地。镇域总面积231.29平方公里，下辖15个社区和9个行政村，户籍人口15.6万人，农业人口1.5万人，外来人口近10万人。2015年以来，海城镇借助乡村振兴政策东风，以莲花省级新农村示范片、乡村振兴示范带、精品村等重点项目建设为契机，以点带面，串珠成链，扎实推进农村人居环境整治，特别是湾区生态康养体验乡村振兴示范带沿线各村、万中村精品村初具规模，村容村貌焕然一新，农村硬件基础改善，助推海丰县创建广东省生态宜居美丽乡村示范县工作成效显著。截至2024年10月，2024年海城镇实现规上工业总产值0.34亿元，限上企业贸易额7.37亿元。

二、经验做法

（一）增底蕴提颜值，绘就美丽乡村

近年来，海城镇把写好乡村建设文章作为乡村振兴发展的重点内容，着重围绕村庄规划、生态宜居环境、基础设施建设、绿美生态建设四方面下功夫。

1. 推进乡村规划优化提升。乡村建设，规划先行。海城镇坚持村庄规划引领，牢牢守住耕地保护底线，按照符合农村实际、体现乡村特色的要求，先后完成莲花、新望、莲光等5个行政村的村庄规划编制工作。同时，出台《海城镇农村宅基地和建房审批管理实施细则》，严格农村村民建房申报、建设的审批程序，确保村民建房符合国土空间规划和村庄规划。

2. 大力打造生态宜居环境。海城镇以人居环境整治为契机，全力开展“三清三拆三整治”再行动，清理垃圾191处197吨，拆除违规广告牌1处，整治乱丢乱排乱拉71处，补齐农村道路、垃圾处理、污水处理、公共服务等短板。2022年完成示范带、高速公路沿线连片农房微改造716户，进一步提升了乡村风貌。

3. 推进农村基础设施建设。海城镇积极争取驻镇帮镇扶村资金，组织实施锡坑水陂改造工程，埔仔村人居环境整治工程，黄仙坑村道建设工程，南垭、万中村应急水源建设工程等20余个驻镇帮镇扶村项目，重点解决村道建设、饮水等问题，加快农村基础设施补短，健全乡村公共基础设施管护机制。

农房管控

4. 推进绿美生态建设。以绿美海城“大干一场”为抓手，海城镇编制镇、村绿美地图，规划绿化面积992亩，其中林分林相优化425亩，绿化长度28公里，义务植树点16个，完成“五道

两区”坟墓绿化遮蔽58座，“五边四旁”栽种面积约567亩，发动党员干部、乡贤、商户捐款72.3万元，爱心企业认捐青年水库市政公园、富丽公园等项目共计820万元，种植沉香、罗汉松、木棉等乔木8.7万余株，红檵木、勒杜鹃球等灌木2.6万余株。择优打造温厝古树公园、顾莲峙古树公园为千村千园示范园。

青年水库市政公园

（二）激活力强动能，筑梦富强乡村

海城镇围绕当地特色资源，打好“特色牌”，延伸“产业链”，把特色产业打造成群众增收致富的“金字招牌”，真正让农民的口袋鼓起来、日子火起来。

1. 突出项目建设。大力发展粮食作物、水果种植、畜禽养殖等产业项目，引进汕尾富丽锦鲤养殖、信民生生猪养殖龙头企业2家，推动信民生“资金入汕”谋划产业发展，计划投资约12亿元建设二期产业园区，新建猪舍、饲料加工厂、屠宰场以及种植小区等配套，投资3.5亿元建设富丽锦鲤园建设项目，推动打造主导产业优势突出、产业链条深度融合的农业产业大镇。

富丽锦鲤

信民生生猪产业养殖基地

2. 突出品牌培育。依托省级莲花山茶产业园区建设，并以莲花山茶成功获评国家地理标志产品为契机，海城镇将培育壮大经营主体作为产业升级的核心举措。引入莲花茶业、仁荣茶业等龙头企业，与海城镇5个村构建联农带农机制。同时，创新性打造线上线下融合的莲花山茶品牌体验店，集沉浸式品牌文化展示、互动消费体验与即时线上销售功能于一体，有效增强消费者黏性与品牌忠诚度。此外，积极组织茶企参与莲花山茶品鉴会、广州茶博会等重大展销活动，借助行业盛会展示品牌实力、交流合作，持续提升莲花山茶品牌的市场认知度与影响力，拓展市场份额。

茶场

目前，全镇茶叶种植面积达2万亩，年产量280万斤，产值超3.5亿元。

3. 深化农旅融合。依托“莲花村生态旅游区”获评国家3A级旅游景区及“湾区生态康养体验乡村振兴示范带”建设契机，有机整合乡村产业、自然生态、人文资源，聚焦“乡村旅游、禅茶体验、森林康养、山野休闲”四大主题，规划建设茶艺一条街、茶艺展示厅、观茶鸟巢、禅茶文化园等特色景点，并以典型村培育为契机，新建莲花运动公园、星空露营基地等文旅融

海丰县莲花茶业有限公司

农产品地理标志
登记证书

中华人民共和国农业农村部

经审定，登记申请人申报的农产品符合农产品地理标志登记条件和相关技术标准要求，准予登记并允许在农产品或农产品包装物上使用农产品地理标志公共标识，特发此证。

核准登记产品：海丰莲花山茶
登记证书持有人：海丰县农业科学研究所
产品生产总规模：2330公顷，4302吨/年
质量控制技术规范编号：AGI2021-01-3390
登记证书编号：AGI03390

农业农村部
2021年6月4日

国家农产品地理标志登记证书

莲花村游客络绎不绝

合项目。积极创新业态模式，探索“茶叶+咖啡”“茶叶+民宿”等跨界融合，打造“来去茶山上”“觅山无界”等特色乡村咖啡打卡点以及“蛮有意思”特色民宿，走出了一条集茶园观光、农事体验、茶文化学习于一体的沉浸式茶旅融合新路径，年吸引游客250万人次，有效带动当地旅游消费收入超亿元。

（三）抓共治促善治，涵养文明乡村

海城镇深入实施基层党建三年行动计划，深入贯彻实施党建引领乡村振兴“3+1+7”工程，积极创新实施“美丽党建”三十条举措，坚持全面筑牢镇、村、组三级战斗堡垒，纵深推进“田”字形治理体系，优化村级两委班子结构，组建“村干部+脱产干部+辅警+网格员+法律顾问”的服务管理队伍，坚持“大数据+网格化+群众路线”工作机制，用好用活民情地图、善美村居技术平台，为群众提供全天候、全方位服务。另一方面，筑牢党建宣传主阵地，高标准新建新时代文明实践所、文化礼堂、村史馆，提质升级村级文化广场和党群服务中心，升级完善村务公开栏、村规民约，营造良好乡风文明，引领移风易俗“进万家”。2021年，海城镇获评“广东省乡村治理示范镇”，莲花村获评“广东省乡村治理示范村”。

（四）树典型作示范，领航富民兴村

海城镇依托莲花村得天独厚的生态优势，以“融湾发展”示范片区为切入口，谋划郊野公

露营基地

郊野公园

园、运动公园、户外露营基地、数字乡村示范村等重点项目，突出打造花海、小木屋、围炉煮茶、灯光秀等文旅体验新业态，让莲花村涌现更多的“打卡点”，成为爆款“网红地”。

三、下一步工作措施

（一）解决用地困难问题，激发乡村建设新活力

针对乡村振兴发展与用地指标不足的矛盾，探索农村村庄建设用地使用管理办法，出台更多惠农政策，简化申办程序，解决用地难题，释放土地资源优势，保障产业发展空间。

（二）解决资金短缺问题，构筑乡村建设硬支撑

借助驻镇帮镇扶村、产业园区等政策红利，鼓励和吸引乡贤、社会各界多方力量，争取更多资金、项目等多方面支持，加快生态宜居美丽乡村建设，推进农村特色产业发展。

积极探索金融扶持渠道，切实缓解农村市场主体融资难问题。

（三）解决管护滞后问题，营造乡村建设新风尚

一方面，探索引进企业化管理模式，市场化运作，形成农村卫生保洁长效机制。另一方面，通过村规民约、宣传教育等方式，提高群众维护农村人居环境主动性和积极性，共同优化农村人居环境。

（四）解决人才不足问题，汇聚乡村建设生力军

坚持扶志扶智相结合，加大对农村低收入群体就业技能培训和外出务工的扶持力度，积极推动“粤菜师傅”“广东技工”“南粤家政”和“农村电商”“乡村工匠”“高素质农民”培育等工程高质量发展。通过构建产教训融合、政企社协同、育选用贯通的技术人才培育体系，实现人

才的引、留、用问题，助力培育乡村建设过程中所需的专业技术人才，培养一批乡村治理骨干和新型农业经营主体带头人。

（五）擦亮宜居新底色，城乡品质再升级

立足海城绿色生态优势，高标准完成美丽圩镇“七个一”建设目标，持续开展“千村千园”“百街百景”“林相优化”“美丽庭院”“绿美清零”专项行动，重点推进人居环境整治、郊野公园、老旧小区改造项目，发动党员干部带头，热心企业、乡贤、社会组织参与，共同推进绿美海城生态建设，打造宜居宜业和美城乡环境。

（六）培育典型谋发展，乡村振兴展新貌

在扶持壮大莲花村集体经济的基础上，立足茶叶产业、文旅产业资源优势，辐射培育长埔、新望、埔仔洞村等典型村，探索“农业+旅游”“企业+村集体+村民”的产业振兴新路子，深化农村综合改革，加快推动农业农村高质量发展，实现产业发展与群众增收互促互利。

附城镇新山村

用"红色精神"引领振兴引擎

新山村位于海丰县城东南部，距县城约5公里，背靠鹿境山，前临丽江溪，后绕黄江河，依山傍水、风光旖旎，绿色生态、景色宜人，是海丰八景之一"丽江月色"所在地，坐落于汕尾市"湾区红色文化体验"乡村振兴示范带的中心区域，是全省首批"红色村"之一、彭湃烈士夫人蔡素屏的故乡。辖区面积约3.6平方公里，耕地面积1842亩，林地面积1525亩，户籍人口3067人，常住人口近1000人，7个自然村分15个村民小组；设立党总支，下辖6个支部，共有党员60名，"两委"干部7名。

2018年5月，启动红色村建设项目。项目总占地面积2767平方米，总建筑面积826平方米，涵盖红色革命纪念馆、红色广场建设及义平社、农军队部、烈士故居旧址修缮工程，配套绿化、室外电气等，总投资500万元，均为省委组织部专项资金。主体建设完成当年，国庆到村旅游人数超5万人，春节超15万人，吸引村民开设农家饭庄6间，小摊档20多间，直接解决贫困户就业25人，农副产品年户均收益12000元。2018年底，村集体经济从几乎为0到超40万元，贫困户人均收入从不足3500元到13000元。

目前，新山村已打造成省内外闻名的基层党建示范村、"红色村" 示范村、社会主义新农村示范村和创新城乡社区治理示范村，荣获 "广东十大美丽乡村" "广东省文化与旅游特色村" "广东省文明村镇" "广东省卫生村" "广东省乡村治理示范村" 等称号，成为全省党建引领基层治理、促乡村振兴现场会示范点、全省抓党建促乡村振兴暨红色村党建示范工程现场会示范点、全省粤东片区实施乡村振兴战略现场会的示范点。2020 年年中参加广东省乡村振兴大擂台 PK 中荣获广东 "乡村振兴大擂台" 五强村荣誉称号，2021 年获评 "全国先进基层党组织" "全国民主法治示范村" "国家 AAA 级旅游景区" 等多项荣誉称号，2024年获评 "国家 AAAA 级旅游景区"。2025年 5 月，中央宣传思想文化工作领导小组公布第七届 "全国文明村镇" 名单，汕尾市海丰县附城镇新山村荣获 "全国文明村" 称号。

数据显示，2023年，新山村全年共接待游客近23万人次，旅游经济收入938万元，村集体经济收入达到264万元，其中20%作为土地流转租金需支付给村民，比2016年的3.6万元增长73倍；村民人均可支配收入达到50940元，比2016年的6459元增长近7倍。在此基础上，串联起丽江公园、蔡素屏故居、新东村宗祠、池口惨案纪念地等五大景点资源，进行总体规划建设，于2024年获评“国家4A级旅游景区”。

一、找准切入点，高起点谋划，“红色基因”铺设发展新路

习近平总书记指出：“依托丰富的红色文化资源和绿色生态资源发展乡村旅游，搞活了农村经济，是振兴乡村的好做法。”新山村有着浓厚的红色革命传统，被毛泽东誉为“农民运动大王”的彭湃同志1925年在此创建农会，在彭湃同志宣传发动下，全村半数以上村民踊跃投身革命，涌现出了“一门七英烈”“父子三烈士”等广为传颂的感人事迹，在民政部门登记在册的革命烈士就有十八位，留下了丰富的红色文化资源，村落距离县城仅5公里，如打造起特色鲜明、底蕴深厚、风景如画的红色旅游村，必将吸引周边乃至省内外游人前来参观，带来人气的同时带来发展，更有助于提升基层组织建设和基层治理水平，让红色基因在新时代焕发新生机。

紧抓省、市开展省定“红色村”党建示范工程建设契机，驻村工作队与村“两委”多番考察调研，在县、镇的支持指导下，探索明确“红色文化教育+休闲农村观光+古村落旅游”的“红、绿、古”融合发展建设目标，聚焦增强红色文化产业发展底蕴和乡村旅游投资开发吸纳能力，特聘请深圳龙岗设计院设计制定《海丰县附城镇新山村示范村建设规划》，以红色史迹挖掘、革命

新山村红色文化馆

新山村义平社

新山村队部旧址

新山村红色广场

旧址修缮为中心，全面推进美丽宜居红色乡村建设。经过倾力投入、精心打造，新山村成了省红色村党建示范村。2018年，新山村被定为全省“红色”文化旅游现场会的学习参观点；2019年，新山村被评为首批广东省乡村旅游精品线路之汕尾地区“东方红城、农运摇篮”线路重要游览节点、汕尾市红色文化教育基地和新时代文明实践站，2020年获评为“广东省红色村党建工程示范村”。

二、找准着力点，高标准建设，“红色记忆”激发脱贫动力

2017年下半年始，以“三清三拆三整治”工作拉开改造乡村全面建设帷幕，清理危旧房屋143间（5000多平方米）、杂乱物料垃圾3000多吨、沟渠淤泥塘土4000多立方米、拆除露天茅厕700多平方米，村中大池彻底清淤，雨污分离有序推进，到2017年底基本完成全面改建前的工作。

闲置农房改造

2018年全面开启“红色村”建设工程，建成约600平方米的新山村革命纪念馆及2700余平方米的红色文化广场，改造修缮红色旧址义平廒、

新山村特色民宿

老队部和部分烈士故居，串联打造红色旅游精品路线，广泛收集先烈遗物和红色故事精心设计布展，配套在党员志愿者和“两委”干部中开展“义务讲解员”培训，积极传播新山红色文化。

4A级旅游公厕

同时，深挖乡村生态旅游潜在价值，邀请龙岗大芬油画村画家在村内墙体绘制红色文化及乡村美景油画共计18幅约700平方米，打造整洁美丽乡村形象；成立闲置农房利用开发项目部，盘活49间老旧闲置农房，打造集民宿、特色餐饮、艺术工作室、创客空间于一体的文化旅游村庄；持续推进人居环境提升工程，按4A级旅游公厕标准完成全村7座公厕升级改造，创新建设大塘景观公园，进一步加大宣传推介和招商引资力度，推动村集体经济效益最大化，为长效脱贫格局形成奠定坚实基础。

三、找准契合点，高质量推进，“红色精神”点燃振兴引擎

两年多以来，新山村以“红”促发展的同时，更着重推动将红色精神丰富内涵内化为基层党组织及党员引领脱贫攻坚、推进农村基层治理的动力源泉，以2018年全省党建促乡村振兴暨红色村党建示范工程现场会为契机，推动基层党建和精准扶贫深度融合。新山村党总支部在全市农村党建工作当中首个改设党总支、协助创立“三明三定”工作法（即党组织明方向、定决策，党组织书记明职责、定任务，党员明身份、定岗位）、协助开展“亮身份、作承诺、见行动”和“我是党员我争先”等志愿活动、并多次组织政治理论学习，着力提升村党组织凝聚力、战斗力、执行力。为推进脱贫攻坚、乡村振兴、扫黑除恶、“创文”“创卫”等中心任务落地落实，提供了坚强有力的组织保证。2018年，成为全省抓党建促乡村振兴暨红色村党建示范工程现场会的参观点，2020年被省委组织部评为广东省红色村党建工程示范点。2021年荣获“全国先进基层党组织”称号。

2021年荣获“全国先进基层党组织”称号

2024年以来，着力夯实乡土文化底蕴，以文化振兴、精神文明建设等激发乡村振兴内生动力，打造振兴精神引擎。结合本地悠久咸茶文化传统，升级打造“幸福咸茶园”，赋予优秀乡土文化与时俱进的时代内涵。五年来投入约7400万元，其中：新农村建设1500万元，红色村建设500万元，帮扶单位帮扶900万元，综合楼投入资金近2000万元，鹿境山绿化1000万元，鹿境道路改造、新山农房外立面提档升级、民宿、集市、停车场一共1500万元。村民也在感受发展中，真切感恩革命先烈留下的革命信仰和精神，薪火相传，一座红色资源丰富、时代特色鲜明、乡风民风文明的红色示范村基本成型。

幸福咸茶园

四、找准连接点，高水平统筹，“红色力量”铸就和谐之基

以被市、县纳入创新城乡社区治理专项改革试点为契机，深入开展创新城乡社区治理创建工作，农村治理社会化、法治化、智慧化、专业化水平逐步提高，人民群众的获得感、幸福感、安全感明显增强。投入资金近2000万元，高标准建设了创新城乡社区治理综合楼、居家养老公园和法治广场，完善配套各功能室等；规划建设新山村“雪亮工程”，把视频监控与县公安局110指挥中心同步连接，建设独立警务室，落实24小时值班制度，并安装设置治安摄像头76个，致力打造全市最先进的村级平安工程；率先在全市构建“全科网格”，建立3个网格，配备网格员3名，实现网格管理实化、到底；组建了5支志愿服务队，深入开展禁毒、扫黑除恶、人居环境整治等各类

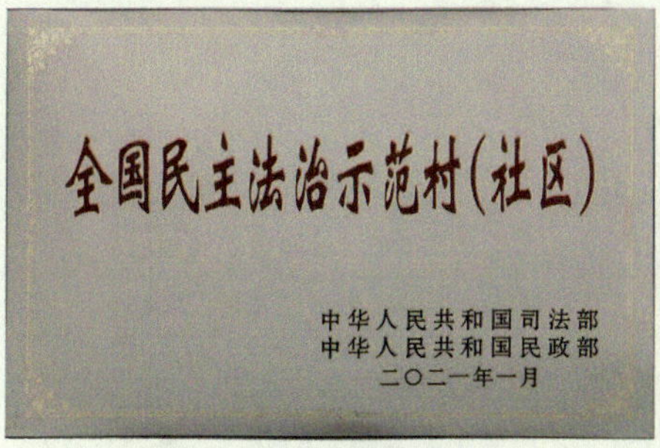

2021年获评“全国民主法治示范村”称号

安装设置治安摄像头76个

宣传活动，经常举办“幸福咸茶会”等群众性公益活动，设立了汕尾市非物质文化遗产展示馆、海丰白字戏艺术传承中心、海丰西秦戏艺术传承中心和书法室协会、美术家协会工作室等文化场所，推动社会主义核心价值观融入村规民约和群众日常生活，“讲文明、讲道德”蔚然成风。多次被评为全县“平安社区”“先进治保会”，2020年荣获2018—2020年度“广东省文明村镇”。2021年获评“全国民主法治示范村”称号。

五、未来发展规划

（一）打破土地流转痛点，推动农业现代化

有计划、有步骤地推动村内土地流转向集体。由新山实业有限公司下设土地流转中心统一布局，通过合作制（村级）和公司制（乡镇级）形式重新组织，解决生产效率低、社会化程度低、抗风险能力弱等问题，盘活闲置地、撂荒地。集约化经营，统筹扩大粮食生产。流转耕地全部用于种植进入全国名特优新农产品名录，并通过国家农产品地理标志专家评审的海丰油占米，进行优质稻集中育秧，统一优良品种、统一技术规程、统一规范管理，进一步“省地、省种、省工”，提高良种覆盖率，提升生产标准化、集约化、规模化、机械化水平，推动农业生产性社会化服务组织代耕代种、全托全管、统防统治，进一步与现代农业有机对接。农民利益最大化，实现进一步增收。合作社严格限制少数人持大股或控股权，分配上按劳分配为主、按资分配为辅，土地流转给集体，村民可收取流转租金，可集体耕作使用土地、获得劳动收入，还可入股享受分红，提高村民劳动积极性、主动性的同时，劳动和土地产生的财富都由集体以及内部个体分享，减少收益外流，实现村集体、村民集体增收。落实“一村一品”，特色销售打出品牌。油占米收

新山油占米

成后，与中谷米业公司合作进行加工包装，设计印制具有红色新山特色的稻米包装，通过新山实业有限公司电子商务服务站结合抖音等打开线上销路，结合农业实践拓展园、研学拓展基地等进行线下推广，推动特色农产品品牌培育。

（二）以项目建设为中心，壮大村集体经济

为了促进村集体经济的蓬勃发展，新山村主要围绕项目建设为核心，着重推动中小学生研学拓展基地的建设，并串联打造红色文化教育基地。具体而言，以新山村为枢纽，联合鹿境片区的五个行政村，共同打造红色教育培训基地，充分利用蔡素屏烈士故居、新山革命纪念馆、红色一条街等红色资源，进行整体规划，设置参观路线和摆渡车服务。此举

中小学生红色文化培训实践基地

旨在面向高校、国企等单位提供优质的红色文化教育培训场馆，进一步推动全域新农村建设和鹿境示范片的打造。同时，积极引导相关企业、技术推广机构与鹿境片区展开合作，进一步提升鹿境片区作为国家AAAA级景区的品质，深度挖掘旅游资源潜力，以实现旅游产业的繁荣和经济的持续发展。

新山村在乡村振兴的创新实践中，紧扣“红色基因”的深厚底蕴，找准了发展的切入点、着力点、契合点和连接点，形成了一套行之有效的乡村振兴策略。

通过高起点谋划，新山村深入挖掘和利用红色资源，将“红色基因”融入发展规划中，为乡村发展铺设了新路。在高标准建设中，我们注重保护和传承红色记忆，利用红色故事和革命精神激发村民的脱贫动力，实现乡村经济的振兴。同时，新山村坚持高质量推进，通过弘扬红色精神，点燃乡村发展的引擎，激发村民的创造力和奋斗精神。在高水平统筹中，新山村依托红色力量，铸就了乡村社会的和谐之基，促进了村民之间的团结与协作。

总之，新山村以“红色”为引领，通过找准切入点、着力点、契合点和连接点，实现了乡村的全面振兴和发展。这一实践不仅展现了新山村对红色资源的独特利用，也为其他乡村提供了可借鉴的经验和启示。

中小学生实践基地

海城镇莲花村

奋进“百千万”，点亮“万家灯火”

2023年以来，莲花村深入学习贯彻习近平总书记关于基层党建和乡村振兴的重要论述精神，认真落实市委、县委、镇委关于“百县千镇万村高质量发展工程”工作要求，高标准推进典型村培育创建工作，实现乡村宜居宜业，富民增收。

一、总体情况

莲花村坐落于具有“粤东第一高峰”之称的莲花山脚下，辖有温厝村、建祖村、柑洲坑村、

莲花村委温厝村俯瞰图

建一村、建二村5个自然村，总户数192户、常住人口736人，党员53名；村总面积16平方公里，其中：耕地面积0.8平方公里，林地面积14.5平方公里。在乡村振兴示范带建设的基础上，莲花村通过人居环境整治、农房风貌管控、乡村绿化美化、引进文旅项目等方式，扎实推动“百千万工程”典型村培育取得新进展、新成效，以镇村强劲“联动力”转化为典型村高质量发展“驱动力”。2024年，村集体经营性收入150万元，人均收入6.6万元。

二、工作开展情况

（一）扮靓人居环境，建设和美乡村

莲花村以农村人居环境常态化管理为导向，以“百千万工程”“明珠一号”攻坚行动为契机，紧紧围绕生活垃圾治理、生活污水治理、村容村貌提升等重点工作，大力推进农房改造、雨污分流、垃圾分类收集点等基础设施建设，投入运营污水处理设施4座，铺设雨污分流管网13公里，安置垃圾收集点30个，累计清理垃圾28处8.2吨，推动人居环境整治提档升级。同时，聚焦田间地头、河塘沟渠、房前屋后等重点区域，由党员干部、志愿者带头，群众参与，保洁公司负责，形成“党群共治、户户参与、企业加持”的常态化治理模式，做到每日一清，确保人居环境整治全覆盖、无死角。

（二）植绿添彩村庄，打造生态乡村

莲花村积极贯彻落实绿美生态建设的工作部署，在“林”字谋优势，在“美”字谋提升，在“绿”字谋发展。

1. **规划用好绿色资源**。绘制“一村一图”绿美地图，因地制宜规划绿化位置、品种、数量，择优推选温厝村古树公园为“千村千园”示范园，对8棵百年古树实施设置标牌、护栏、挂牌等保护措施；规划实施海丰县海城镇莲花村景区生态修复项目和郊野公园，提升林相改造425亩。

市县镇人大代表植树

2. **带动村民齐抓共建**。通过入户走访、科普宣讲等方式，发动党员干部、乡贤、企业参与绿美生态建设，引导群众做好房前屋后、室内室

外的净化、美化、亮化、绿化，在村庄“五边四旁”、花海、环山绿道补种苗木，建设各美其美的绿美庭院，以“微景观”扮靓乡村“大视点”，以边角之景点缀绿美生态新画卷。目前，莲花村共收到捐赠17.12万元，种植乔木25950棵，打造了人大代表乡村公园、党员林、银发林、公仆林。

党员林、银发林、公仆林

（三）壮大乡村产业，筑牢富民根基

莲花村立足本村莲花山茶特色产业，抢抓“乡村游”“研学游”热潮，延伸乡村产业链条，实现乡村产业振兴。

1. 聚力发展“一村一品”。依托得天独厚的自然优势，以莲花山茶省级产业园区项目建设为契机，莲花村大力扶持培育县级以上龙头企业3家，种养合作社10家，以提升产品质量和知名度为突破口，大力推进产品加工和电商服务，初步形成集茶叶品种研发、生产加工、经营、服务为一体的产业链，走出了一条“茶叶+电商”的“致富之路”。莲花村现有茶园种植面积5100亩，年产量71万斤，产值超亿元。

2. 创新打造“茶旅融合”。莲花村有机整合乡村产业、自然生态、人文资源等元素，突出“乡村旅游+禅茶体验+森林康养+山野休闲”四个专题，

广东省“一村一品、一镇一业”专业村

莲花山茶展厅

规划建成茶艺一条街、茶艺展示厅、观茶鸟巢、禅茶文化园等一批景区景点，并新建莲花运动公园、星空露营基地、郊野公园，以点带面，串联文旅资源打造精品旅游线路，绘就茶旅融合新图景，年吸引游客100万人次，有效带动了本村旅游消费收入7000万元。

观茶鸟巢

幸福都是奋斗出来的

（四）厚植乡风文明，涵养淳美乡情

一方面，莲花村充分整合村内历史人文资源，筑牢宣传思想文化主阵地，提质升级新时代文明实践所、文化礼堂和村史馆，常态化开展文化宣传活动。另一方面，莲花村通过设立完善村规民约，设立红黑榜，弘扬海陆丰红色文化，传承非物质文化遗产，营造“邻里间互帮互助，和睦相处”的良好氛围。

移风易俗

文化礼堂、村史馆

（五）精进乡村治理，共筑善治格局

1. 党建引领，提高基层治理效能。发挥基层党组织战斗堡垒作用，高标准打造党群服务中心，配套党建文化长廊、人民调解室、便民活动室等，划分责任区域，细化网格化管理，落实“四议两公开”制度，打通基层治理的“最后一公里”，切实做到“小事不出村，矛盾不上交”。

2. 党员带头，创新基层治理体系。以“民情地图”为载体，创新“大数据+网格化+群众路线”基层治理体系，构建“田”字形基层治理体系，全面提升基层社会治理水平，推动基层治理数字化转型；认真实行“一亲三心”“双报到”制度，协同市、县机关干部下沉网格听民情、解民忧，共同画好社会治理“同心圆”。

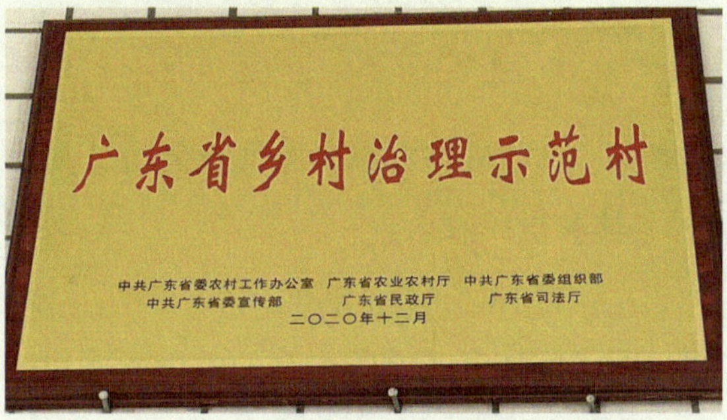

广东省乡村治理示范村

民情地图工作站

（六）深化集体经济，夯实振兴基石

莲花村围绕“底数清、动力强、模式稳、效益高”目标，进一步加强村级集体经济建设，发展壮大村集体经济。成立村企海丰县莲茶生态科技发展有限公司，有序投放电瓶车、望远镜、导游、停车场等项目，全面升级“吃喝玩乐购”功能配套，不断满足游客旅游服务需求，村集体增收超40万元，打造村级集体经济发展“新引擎”，2024年村集体经营性收入达150万元。

茶艺师照片

（七）广聚乡土人才，赋能乡村未来

1. 选优配强干部队伍力量。调整驻队领导和驻队工作组，选派2名高学历干部担任驻村干部，增补2名熟悉本地高素质优秀人才进“两委”班子队伍，选聘1名乡村CEO，共同为莲花村典型村培育与高质量发展出谋献策。

2. 吸引人才回乡。深入实施“人才下乡、干部返乡、能人回乡”计划，成立莲丰茶艺工作室、引进国家级茶艺师团队5人，退役军人及大学毕业生7人，茶叶种植专业化技术人才67人。

三、“百千万工程”典型村培育工作创新与亮点

（一）打造莲花山乡村振兴示范带

通过整合莲花现有资源，实施乡村振兴示范带（连带成片）莲花山片区项目、星空露营基

地、运动公园、郊野公园、莲花村景区生态修复等项目，因地制宜绿化美化村庄，提升村庄人居环境，推进乡村文旅产业优化升级。

（二）创新乡村经济发展模式

探索“村集体+企业+农户”方式，强强联合，由村集体、农户提供资源，县文投公司负责运营管理，村、农户根据运营情况获取租金或分红，提高村集体和村民收入。

（三）创建温厝村数字乡村发展示范

在温厝村创建数字乡村示范村，搭建两个场景+四个平台，以拓宽茶叶等产品的销售渠道，打造“温厝村”数字区域公共品牌，探索“产业+电商+配套”的利益联结机制。

（四）探索农文旅发展新路径

依托新时代文明实践所、文化礼堂、村史馆，村集体与旅行社、教育机构建立合作关系，创新“茶文化”“海陆丰文化”等研学发展新路径，赋能乡村振兴。

四、下一步工作措施

（一）落实长效管护，提升美丽乡村品质

以3A景区规范和村规民约为基础，结合温厝村实际，制定出台温厝村3A景区管理规定，规范村内卫生保洁、车辆停放、商铺经营等行为，共同推进环境整治、绿美生态建设，持续巩固美丽乡村成果。

（二）整合多方资源，推进项目景区建设

积极对接上级政策红利，统筹利用典型村建设、深圳对口帮扶等专项资金，加快运动公园、户外露营基地、数字乡村示范村等项目落地建设，加快村庄“景点多样化”“娱乐多样性”建设，着力打造“典型村”示范样板。发动乡贤等社会力量参与村庄建设。

（三）升级发展路径，补齐文旅产业链条

立足现有资源，配套电瓶车、导游、线路指引等公共服务，招商引资，谋划研学教育、亲子旅游、露营经济、轻徒步线路等模式，进一步完善产业链、催生新业态，打造吃、住、行、游、购、娱一体的旅游目的地，将美丽资源转化成美丽经济。

大湖镇高螺村

农旅融合提质高螺美丽经济

一、高螺村发展现状

（一）高螺村简介

高螺村属于集聚提升类村，高螺村位于大湖镇西北部，离镇区约7公里，下辖1个自然村，约660户3020多人，党员109人。高质量发展互促并进。年老者偏多，青年劳动力大部分外出务工，在村劳动力主要从事生蚝养殖和撬蚝工作。高螺村境内自然生态保护完好，拥有省级鸟类保护区的鸟岛、风光旖旎的高螺东海湾，闻名于粤东地区的名穴“螺地山”等一批名胜景点，更有民谚赞美高螺山水曰：“螺地向北斗，狮象把水口，空壳山作印斗，鹰凤把民保。”村经济收入主要以吊养蚝为主，养殖面积3000余亩，“高螺明蚝”远近驰名，有“海洋参”之称。精心打造高螺滨海生态乡村示范带精品文旅路线，大力发展滨海生态研学游、休闲游。

（二）辖区范围和面积

高螺村土地面积717.45公顷，其中农用地234.27公顷，占全域土地面积32.65%，以林地为主；建设用地 38.16公顷，占全域土地面积 5.32%，其中村庄建设用地面积14.27公顷，占总面积的1.99%，集中分布于村庄北部；未利用地445.02公顷，占全域土地面积62.03%，以陆地水域为主。

（三）区位交通情况

大湖镇位于汕尾市海丰县东南部，是海丰县唯一一个沿海城镇，濒临碣石湾，东北与高螺湾至烟港中心线为界与陆丰隔河相望，西北与赤坑镇相邻，西南以大德山为界与田墘接壤。

高螺村位于大湖镇西北部，东临东溪，南至新德村，西邻赤坑镇大化村，北靠广东海丰鸟类省级自然保护区。开车到海丰县城中心35公里，车程约45分钟，到大湖镇镇区7公里，车程仅需10分钟，与赤坑大化、沙港相邻，与陆丰上英镇隔溪相望，X129县道经村通过，崭新柏油路靓丽化，距梅汕高速沙港入口2.5公里。

（四）村集体经济发展

2023年度村集体经济收入共39.21万元，其发包收入35.5万元，固定资产投资分红3.71万元，同比2022年增长43.97%；2024年通过整合村内鱼塭资源，收归村集体统一发包，2024年度村集体经济收入约355万元。

二、工作举措

省委、市委部署实施“百千万工程”以来，高螺村高度重视，在镇指导下成立了村级“百千万工程”指挥部办公室，多次召开工作会议学习“百千万工程”相关文件精神、会议精神。同时，全体村干部发挥带头作用，认真开展党建、经济发展、环境整治、民生服务等工作，大力宣传“百千万工程”，号召全体村民、乡贤一起行动起来，为建设美丽家乡，推动高螺村集体经济高质量发展出力，并取得了初步成效。

村庄山水环绕、风景秀丽，房屋集中，干净整洁，生态环境优越。高螺村周边有鸟类省级自然保护区、古渔港、鸟岛、观鸟台、高螺湿地、螺地山、狮地山等旅游景点，特产“高螺明蚝”、双层蟹、九节虾等，有赛龙舟、唱渔歌等民俗文化。

（一）党建引领乡村振兴

1. 法治+定纷止争。充分发挥党组织引领作用，党员带动村民普法懂法，引导全体村民支持建设光伏渔光互补电站，投资金额130多万元，实现每年固定分红；通过集中清理不合理合同，用法治思维和法治方式解决农村发展中遇到的问题，鼓励村民养殖生蚝，强化“党带群、富带贫、强带弱”的“三带”格局，实现村集体和村民双增收。

2. 共治+旧貌焕新。党建引领，群策群效，通过一村一干部、一村一辅警走访连心一批群众，组织党员、村民代表大会宣传教育广大群众，带动全民参与古渔港建设，凝聚基层治理合力，将粗放陈旧的古渔港改造为亲水湿地平台，提升群众幸福指数。大力发展城乡经济、改善环境、保障民生、富民增收，让全体村民共享改革发展成果。配合政府乡村振兴及人居环境改善等项目落地，修建村村通进村道路，进行农田灌溉渠修复；做好贫困村民、老党员、患重病村民的走访慰问工作，帮助解决困难，着力增强村民的获得感、安全感、幸福感。

3. 持续提高网格化管理水平。高螺村配备“一村一干部”和“一村一辅警”，配齐三个小网格共3名兼职网格员，形成工作合力，依托“民情地图”“善美村居”平台，强化网格化管理，着力构建“村—组—党员联系户”村党组织体系。2024年以来，网格员事件上报462次、工作日志732条、走访7913次，巡查涵盖消防安全隐患排查、矛盾纠纷排查、治安隐患排查、宣传宣讲党的二十大、解读党的政策方针等多个方面工作，稳固筑牢“大数据+网格化+群众路线”的“田”字形基层治理格局。

（二）推动村集体经济发展“新篇章”

近年来，聚焦壮大农村集体经济的主线，因地制宜发展“鱼塭经济”，激活生态旅游业，拓宽增收路径，开辟村级集体经济发展壮大的新路。

1. 群策群力谋思路凝心聚力促发展。邀请镇领导、驻队工作组、乡贤代表、村民代表等多次开展多方会谈，对高螺村实施“百千万工程”具有的优势、短板、如何开展“百千万工程”等进行广泛深入的探讨，并针对违规合同清理、清产核资、人员界定、成立集体公司等工作制定了详细计划，高质量规划“百千万工程”实施方案。同时，为了解决好历史遗留问题，集中民智，高螺村还设计了民意调查问卷，充分听取党员干部和村民诉求，搜集大家对于“百千万工程”实施的意见建议，获取群众支持，让群众参与集体决策，确保规划符合群众意愿。还计划成立乡贤“智囊团”，为高螺发展建言献策。

2. 夯实筑强基层组织战斗堡垒。强化头雁队伍建设，全力落实村党组织书记、村委会主任、村级集体经济组织负责人三个“一肩挑”。为做大做优做强村集体经济，高螺村“两委”班子盯准生蚝养殖优势，立足“找准一个项目，走好一条路子”，探索“支部引领、党员带头、群众参与”的发展模式，着重选优配强生蚝养殖产业致富带富党组织书记，发挥支部“领头雁”作用，推动全村生蚝养殖面积超3000亩，发展养殖户逾100户，年产壳蚝约500吨，年总产值可达4000多万元，帮助150多人实现家门口就业。

3. “三资”提质增效赋能高质量发展。制定了违规合同清理、清产核资、人员界定、土地流转的方案，发放高螺村民意调查问卷，待收集村民意见后，通过村民代表大会表决通过相关方案。2023年11月，大湖镇农村集体“三资”提质增效试点行动开始后，高螺村葵莲港230亩鱼塭合同到期后由村集体回收后，原定线下询价发包，要求该村通过线上交易的形式来发包，由原来的8000元/年承包价提升至130000元/年，该鱼塭经营性收入超过16倍，极大提升村集体经营性收入。2023年12月25日已通过“广东省农村产权流转交易管理平台”发布招标公告，手机端“粤农交”也同步发布信息，依托基层小微权力监督平台、智慧监督平台，推进农村产权交易工作与现代化信息技术融合，实现农村集体“三资”运行全流程网上透明监管。

镇党政班子观摩“三资”管理提质增效现场

4. 观摩先进找差距，提高标准促提升。在高螺村举行“三资”管理提质增效现场观摩会，镇党政班子成员、各驻队组长、各村（社区）“两委”干部参加。现场听取高螺村关于“三资”管理提质增效工作情况汇报，观看“数字云图”描绘工作开展情况，高螺村党委书记传授高螺村茭莞港上“广东省农村产权流转交易管理平台”的典型经验做法。为其他村（社区）开展“三资”管理提质增效工作树立了典型，提供了经验，将大力推动大湖镇“三资”管理提质增效工作更上一层楼。

（三）绘就和美乡村“新图景”

大湖镇高螺村统筹考虑产业布局、人居环境、基础设施配套、生态环境建设、土地利用效率、乡村风貌保护等因素，按照村庄规划，深度挖掘乡村优势资源，紧扣“一条带、一个区、一片山、一片塭”等旅游要素，初步规划了“一带一塭一街一中心”，推动资源变资产，努力让村民、村集体在得到实惠的同时稳定就业，达到共同富裕、持续发展的目标，真正实现乡村振兴。

“一带”即湿地观光带（乡村示范带高螺段）：始于古渔港、沿堤围路而下，终于大德妈祖旅游区，全长约7.5公里，串联高螺村村内多个旅游景点，把生态优势转化为产业优势，把美丽乡村转化为美丽经济，打造观光骑行打卡胜地，游客可一边骑车或步行，一边欣赏美丽的湿地风光。在高螺村湿地公园内，还设置了游船、钓鱼项目，可供游客体验。

“一塭”即高螺村鱼塭：作为大湖镇万亩鱼塭规划建设的一部分，面积约3248亩，预计每亩重新发包870元，可为村集体经济增收282.57万元，同时可带动周边100多户村民就业。

“一街”即海鲜特产一条街：位于贯穿高螺而过的X129县道上，全长约600米，包含海鲜、海鲜干售卖（“高螺明蚝”、双层蟹、青蟹、山虾、九节虾等）、高螺特色餐饮、高螺民宿、高螺

乡村示范带高螺段——古渔港

高螺村鱼塭

农家乐等，集聚村内特色产品，使村集体经济发展更健康、可持续，带动更多的村民增收致富。

"一中心"即高螺游客服务中心：前身为原高螺小学，建设面积约19000平方米，位于X129县道旁。一层为省级鸟类自然保护区科普馆及农产品展厅，内部配置5D影院，湿地环境、湿地鸟类展区及农副产品展示区等；二层为游客餐饮区；三、四层为旅游配套服务设施。室外场地设有停车场、房车露营基地，满足游客驻足观景休闲、度假旅游的综合需求。目前已完成基本建设，预计未来将成为拉动高螺旅游经济蓬勃发展的动力源。

高螺游客服务中心

三、下一步发展思路

高螺村地处滨海生态乡村振兴示范带，坐拥鸟类保护区和湿地生态公园，通过村落整合、景观营造等方式，规划"生态湿地""渔村人文""互动娱乐""珍奇观鸟""休闲度假"五大功能，打造集"体验式旅游+海鲜美食+休闲度假+历史文化教育"于一体的湿地生态旅游示范村。同时，依托"高螺明蚝"、东溪虾等水产养殖，将种苗培育、养殖管理、采摘包装到市场销售一体化的产业链条，提升该片区养殖质量，复兴“高螺明蚝”水产品牌。

（一）高螺湿地民宿

利用村内传统风貌保留较好、周围环境优良的民居，整体改造为滨海风情民宿集群。

（二）沿漯河休闲带

在不污染饮用水源的前提下，开发以“水”为主题的休闲、度假、民宿、餐饮、游乐等业态，联动高螺村民宿集群和湿地亲鸟乐园。

（三）乡村客厅

将村中池塘前闲置建筑改造成为最具辨识度、最具时代记忆的场所——乡村客厅，打造“文化展示+会客接待+老年活动”等功能。

（四）登山道

螺地山上有钟公墓，每逢清明节，均有各地钟姓到此祭拜钟公墓，为五湖四海的游客开设登山道。

（五）乡野体验

结合民宿一起开发，利用周边田园，融入大湖镇特色农作物，如花生、地瓜、荔枝、番石榴等瓜果采摘、品尝、售卖等活动服务项目体验。

（六）美食坊

靠X129县道打造一处海鲜美食坊，提供高螺当地美食，满足不同的消费客群。

乡村振兴有其客观规律，不可能一蹴而就，只有保持定力，久久为功，一张蓝图干到底，才能让乡村产业持续健康成长。

赤坑镇仁家村

党建引领促发展，仁家振兴加速度

一、仁家村基本情况

仁家村位于赤坑镇南侧，毗邻镇区，距离海丰县城约30公里，户籍人口1342人，其中常住人口约650人，村“两委”干部5人。耕地面积约1100亩，以丝苗米、番薯为主要产业。仁家村是海丰县生态美丽宜居乡村精品村之一，更是海丰县滨海生态乡村振兴示范带上的一个重要节点。近年来，仁家村贯彻市委、县委工作部署，扎实推进“百千万工程”“三六九”工程，奋力实现乡村高质量发展，荣获了“第三批全国乡村治理示范村”“广东省乡村治理示范村”“广东省卫生村”“汕尾市文明村”“海丰县先进基层党组织”等称号。

二、共治和谐乡村

近年来，仁家村坚持党建引领基层治理，发挥“四小四大”机制作用，实现连续五年“零信访”。

仁家村积极推进网格化治理，提升基层组织力和治理水平，重点落实县委“一村一台账、一村一研判”机制，依托“两委”干部、网格员、驻村干部、辅警、法律顾问，做到每周一研判、每月一汇总，摸清村情民意，让研判报告作为打开基层治理“千把锁”的“金钥匙”。

仁家村融合综治、禁毒、应急等多个网格为“全科网格”，让网格成为发现风险的“第一哨所”，网格员成为化解风险的“排头兵”，实现矛盾纠纷早发现、早处置、早化解。

仁家村积极健全完善“一约六会”，特别是通过修订村规民约，推进移风易俗，限定红白喜事礼金，设置道德红黑榜等措施，创建文明新风，提高乡村治理水平，使得村里越来越和谐。

2023年，仁家村新建了党群服务中心、新时代文明实践站、党建文化广场、幸福食堂等平

仁家村党群服务中心

新时代文明实践站

台，开展常态化工作，全心全意为人民服务。善用“民情地图”“善美村居”、政务公开栏，做好村务财务公开，实施“阳光村务”，给群众一个“明白”。2024年5月开始定期入户联心活动，村“两委”干部动员村民代表、基层党员、网格员、双百社工、入党积极分子、志愿者等共计50余人，按照“居住相邻、关系相近、双向选择、方便服务”原则，制定入户联心方案，对全村243户进行入户走访。根据每户群众的实际情况，结合党员的帮带能力，为每名党员精准确定包联群众，而对于重病、高龄、失能等有特殊困难的党员，与其他党员结对联户；对于重难点户，优先由村“两委”干部、党员骨干等包联。既联得了感情，又办得了事情，确保党员的作用得到最大限度发挥，群众的需求得到最大限度满足，实现联户网有精度、有准度、有深度。

三、共创富裕乡村

（一）让农民腰包“鼓”起来

以前，村里种植普通水稻，结构单一、收入不高，现通过“支部+基地+农户”模式，仁家村推行一年三熟的“稻薯菜”“稻稻菜”轮作模式，一年种植两造水稻，冬季种植番薯、蔬菜，水稻改种优质丝苗米，一亩比以前增加800元收入，冬季种番薯、蔬菜，一亩可增加3000元收入，2024年通过赤坑镇政府的主导，仁家村与另外6个村集体

仁家村农田

经济组织共同投资参股，成立了汕尾市海丰赤坑联村带农投资发展有限公司，发展仁家村特色农产品“仁家一号”冰淇淋番薯。农民腰包鼓起来，生活更有盼头了。

（二）让集体经济“强”起来

在水产养殖投资、集体耕地发包、物业出租、足球场经营等项目，2022年实现村集体年收入14.8万元。2023年，借助乡村振兴示范带的建设，通过大力发展优质物业型经济，发展农家乐餐厅、农村电商、固定租金和收益分红模式，2024年仁家村集体经济收入将突破50万元，展现出无限的发展潜力与活力。

（三）让发展动力“活”起来

仁家村促进农村农旅发展，大力推进闲置农房流转，着力发展民宿经济，全村流转耕地850亩，将“碎片”的耕地连成“整片”。发展独具特色的“一村一景”和农业体验观光活动，同时加强农文旅基础设施建设。现已初步完成闲置民房流转12栋32间，下来将进行统一招商发展乡村民宿，推进海丰县赤坑镇仁家村农文旅基础设施建设及配套项目，建设面积约1958平方米，总投资80万元，项目建成后，有利于仁家村的农副产品销售，吸引村民回乡投资建设，活跃经济，提升村民集体经济收入，促进仁家村的繁荣与稳定。更是大力发展供港合作，打造供港蔬菜基地，打开农作物销路。进一步提高集体收入，带动村民受益。盘活乡村资产资源，积极建设乡村休闲产业，推动美丽乡村释放出美丽经济。

仁家村农家乐

仁家村足球场

四、共建美丽乡村

（一）深入推进绿化美化工作

仁家村通过“支部引领、党员带头、群众参与”，坚持“拆、建、管”并举，全面启动“五边”植绿活动，在山边、水边、路边、镇村边、景区边全面展开工作，2024年1月开启绿美生态建设行动，现已初步完成种植乔木942棵、灌木3140棵的工作。绿化实现大绿量、本地化，打造好“四小园”，围堰整齐美观，无残缺破损。绿地保持明净，无杂草、无垃圾、无污物，落叶、草屑等实时除掉。铺设草坪、种植各类树木、建设花坛在边角地、空闲地、宜树则树、宜草则草、宜花则花、宜果则果，使辖区内绿化布局科学，村庄内部基本做到应绿尽绿，绿意盎然，空气清新宜人。提升乡村人居环境舒适度。不仅改善了仁家村的环境质量，也为广大村民提供了更加宜居的生活环境。

（二）因地制宜建设美丽乡村

持续推进基础设施建设。结合文化、历史、旅游等主题，利用边角地、废弃地、闲置地见缝插绿。仁家村将滨海生态乡村振兴示范带跟赤坑本地的田园风光相结合，打造出有本地特色的绿美风景。例如在农家乐二楼设立观景台，确保游客能够一览赤坑田园的宁静与美丽。此处设计既可提供观赏风景的视角，又可成为拍照打卡的新景点。同时在观景台四周的墙壁上精心挑选并绘制了多幅反映本地风光的油画。不仅增添了艺术气息，而且通过艺术的视角展现出赤坑田园的绿美与宁静，让生态与文化融合：将示范带的生态建设与赤坑本地的文化特色相结合，形成一种独特的绿美风景线，既体现自然之美，又彰显文化之韵。将滨海生态资源与赤坑田园风光结合成功地打造出具有本地特色的绿美风景线，打造具有地方特色的乡村振兴示范带。这一成果不仅优化了本地的旅游环境，还为乡村振兴注入了新的活力。

（三）积极落实移风易俗宣传工作

要深化移风易俗，推进民俗风俗文明化、规范化，革除丧葬陋习，倡导绿色殡葬、文明殡葬，促进社会文明和谐。村规民约制定程序规范，内容切合地方实际，有配套奖惩措施，在村内醒目位置长期公布，群众广泛知晓并自觉遵守；每月开展道德讲堂、定期举办身边好人学习宣传活动。建立村民理事会、红白理事会、道德评议会、禁黄赌毒会、公共卫生委员会，推进移风易俗工作扎实有效。村民在建设乡风民风的过程中逐渐树立正确的价值观和行为规范，提高文明素

仁家村广东省卫生村证明

仁家村绿化行动

仁家村人居环境整治志愿行动

质，有效遏制不良风气，社会风气明显好转。

（四）营造宜居环境

建立常态保洁、动态维护、志愿服务等制度，落实门前三包。特别是村党支部牵头组建的“党员志愿服务队”“巾帼志愿服务队”，每月定期开展2次美丽家园整治活动，发挥了示范带动作用。引导村民们树立绿色生活理念，共同建设美丽仁家村，建出了一个美丽乡村。

五、下一步工作措施

（一）优化规划村庄，引领乡村振兴新篇章

秉持规划先行，适当超前规划。紧扣打造“典型村”培育标准，因地制宜，充分考虑本村土地资源、传统民居、道路交通、公共基础设施等资源配置，紧密结合国土空间规划，科学编制仁家村村庄规划。

（二）党群携手共治，打造美好家园新典范

仁家村在巩固“五心”治理模式的基础上，将进一步强化组织管理，提升乡村治理水平。优化党员队伍结构，吸引更多年轻力量参与党建工作；加强“两委”干部的培训和能力建设，提升其履职效能；深化财务管理透明度，完善“村账镇管”制度，深化群众人人行使监督权，确保资金使用的规范性和效率；扩大志愿者服务队伍，增强服务的覆盖面和专业性；以及推进村务监督委员会的职能发挥，确保村情民意得到及时响应和有效解决。

（三）探索多元发展之道，激发集体经济活力

主动对接上级部门，提升沟通效率，争取省、市各类项目和资金支持；探索土地资源资产化、资本化运作，以村集体自改的方式启动仁家村旧厂房旧楼房改造，增强市场竞争力。

可塘镇上达村

荔果飘香富上达，乡村振兴展新姿

一、上达村基本情况

（一）上达村简介

上达村位于可塘镇西南侧，距离可塘镇府3.74公里，东至下可塘村委会，西至罗南村委，南至下达村委，北至仓前村委，全村总面积1.68平方公里，耕地面积1.19平方公里，村民以种植水稻、蔬菜、番薯、花生等农作物为主，种植荔枝等经济果物为辅。上达村由一个自然村组成，全村以林姓为主，现有户籍人口1738人，常住人口180户约760人，旅居香港、澳门、广州等，户口迁出人数2000人左右。村“两委”干部5人，上达村党支部现有正式党员30人。2018年被评为广东省“民主法治村”，2019年被评为“汕尾市先行村”，2020年被评为“汕尾市精品村”，2021年度被评为“汕尾市文明村”，同年7月被评为广东省“一村一品、一镇一业”专业村，2023年被评为广东省“百县千镇万村高质量发展工程”首批典型村。

（二）集体资产方面

2024年底全村资产总计为403.3792万元，其中流动资产11.4341万元，长期资产40万元，壮大村集体经济财政资金50万元；固定资产351.945万元。全村集体土地总面积为1942亩，其中耕地面积678亩，山坡、园林地590亩，林地110亩，鱼塘2处共80亩，其他农用地215.57亩。

（三）集体经济方面

截止至2024年11月，2024年村级集体经济收入为26.6万元，具体构成包括：

1. 农田土地承包合同签订项目收入10.8万元；
2. 村民入股荔枝“股票树”项目收入12.7万元；
3. 投资隆兴源有限公司“股票树”项目收入2万元；
4. 移动通信基站租赁费1.1万元。

二、做法经验及成效

（一）建强基层组织，筑牢坚强“战斗堡垒”

村党支部坚持以习近平新时代中国特色社会主义思想为指导，坚决执行上级党委各项工作任务安排。严格落实“三会一课”制度、“第一议题”和“四议两公开”等工作制度，支部书记带头讲党课；认真推动落实“头雁”工程，实现村党支部书记三个“一肩挑”；加强党员干部的学习教育和管理，扎实推进基层党建工作，完善组织制度、激发乡村治理的活力，在全体党员中开展“戴党徽、亮身份、做表率”活动，切实把全面从严治党落实到每位党员。

（二）改善人居环境，打造宜居宜业和美乡村

1. 完善基础设施建设。对农村生活污水进行重点整治，建设污水处理设施1座，农村雨污管网主体改造和自来水管道等已基本完成；建设农村公厕2座，老人活动中心1处，垃圾分类收集点1处。

2. 深入开展人居环境综合整治。基本完成“三清三拆”和路巷道水泥硬底化，将“三清三拆”后的空地建设为“四小园”，着重建设村内阅览室、妈祖文化广场、文体活动室等多功能区域，村容村貌得到较大改善，也为全面推进乡村振兴战略打下坚实基础。

（三）推进绿美建设，厚植高质量发展底色

结合人居环境整治，上达村委积极发动党员干部、村民群众、乡贤力量参与绿美建设，开展“清洁家园”等志愿活动，在“四旁”“五边”全覆盖植绿增绿，发动广大乡贤、巾帼志愿者共建“乡贤林”“巾帼林”等主题林，引导村民在庭院中栽植果蔬、花木等，打造美丽庭院。

上达村乡贤林

同时，为做好美丽乡村建设，上达村党支部把“四小园”建设作为农村人居环境提升的重要举措来抓，精心制定《可塘镇上达村打造“四小园”实施方案》，明确了开展农村“四小园”建设的总体目标、基本原则、工作内容、工作保障等，积极动员党员、群众等开展“清洁家园”志愿活动，共建设118个“四小园”，大大美化了村人居环境。

（四）发展集体经济，带领村民走致富之路

上达村坚持把产业振兴作为推动乡村全面振兴的基础和关键，探索发展村级集体经济新路径，深入推进荔枝“股票树”项目的发展。上达村后山荔枝林种植距今已有600年历史，是海丰县最早种植荔枝的村庄，品种为老旧的“黑叶”和“怀枝”，近十年来，全村300多亩荔枝的经济效益低于管理成本而造成该片荔枝林基本失管。在可塘镇党委、政府的指导和支持下，上达村委、村经济联合社（以下简称村集体）和汕尾市隆兴源现代农业科技有限公司（以下简称公司）反复沟通协商，最终以村经济联合社为中间实体与村民按1树1股签订以树入股协议，采取“公司+村集体+村民”的新型产业合作模式，切实推动上达村荔枝“股票树”项目成功落地。5年改种期内，按入股村民投入的10年以上树龄的果树数量给予每棵果树5斤“妃子笑”荔枝或按田头收购价给予分红。改种期后（第6年起），公司将每棵果树收成的20%归以树入股的村民、2%归村集体。自“股票树”项目开展以来，上达村“股票树”项目共有247户村民，4019棵荔枝树“持树入股，按股分红”，累计分红约38万元。荔枝“股票树”项目的发展，有效实现了产业增效与农民增收的“双赢”局面。

上达村荔枝园

随着乡村振兴战略的深入实施，为推动本村文旅产业融合发展、持续推进产业振兴、不断壮大上达村集体经济，上达村积极响应国家号召，依托本村荔枝产业的资源优势，围绕土鸡蛋、金针菇、油粘米等农产品，打造了“绿美上达”特色品牌，并依托本村荔枝产业的资源优

咖啡厅

势，打造了一家独具特色的“荔枝红了”咖啡馆，拓宽了集体经济增收新路径，进一步增加了村集体收入。

（五）培育文明乡风，焕发乡村文明新气象

1. 完善文化阵地。修建妈祖文化广场、新时代文明实践站等文化交流平台，让村民在业余生活中感受文化熏陶，凝聚向上向善的正能量。

2. “上达”乐队奏响乡村文明新风尚。上达村为满足老年人对美好生活的新期盼，突出服务群众功能，在村党群服务中心功能室中陈列了二胡 、笛子、吉他等乐器，让爱好乐器、唱歌的老人准时来这里“上班”，真正做到了老有所为、老有所乐，为和谐社会、乡风文明奏响优美乐章。

2024年海丰县荔枝产业发展大会暨“股票树”项目分红仪式活动现场

3. 开展文化活动。2022年以来，上达村举办了荔枝文化节、“干群唱响二十大”、“童谣唱响

新时代”六一国际儿童节等，极大地丰富了上达村文化活动。

4. 开展志愿活动。村党支部积极发动党员干部和群众参与人居环境整治志愿活动，潜移默化带动广大群众参与到人居环境整治行动中来，引导群众从“要我干”转化为“我要干”，形成群众自觉维护环境卫生、共同管理的长效机制。

5. 推进移风易俗。充分发挥“红白理事会”“道德评议会”等群众自治组织作用，完善村规民约，引导广大群众遵纪守法，革除丧葬陋俗，树立文明节俭办丧事的新风尚。

6. 树立绿色新风。为了深入推进绿美上达生态建设，助力“百千万工程”，上达村在村前人行道打造了长度约800米的绿木，并号召全村党员干部群众深入推进移风易俗，广泛参与到认捐认种中来，自觉树立绿色健康的文明新风尚。上达村委会积极凝聚乡贤力量，召开“绿美生态建设”乡贤座谈会，乡贤代表们纷纷慷慨解囊认捐认种，为上达村绿美建设贡献力量，活动现场共认捐现金约55万元。

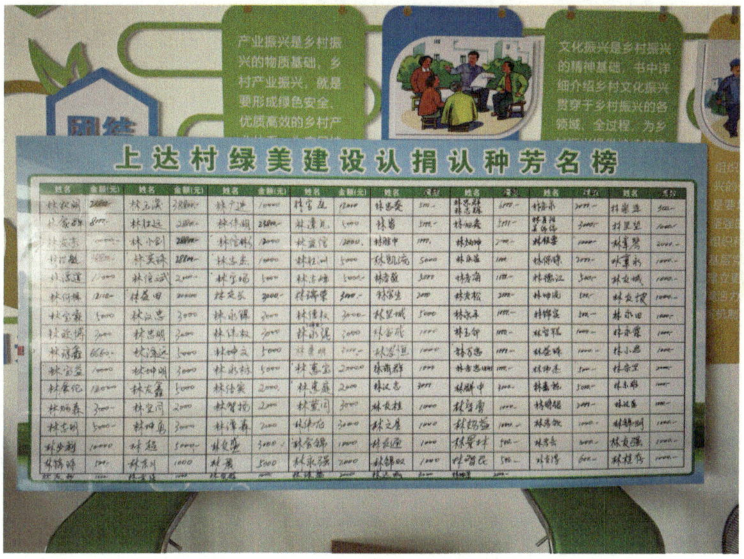

上达村绿美建设认捐认种芳名榜

（六）强化乡村治理，绘出基层善治新路径

1. 创新乡村治理新模式。积极探索“网格党建+联动体系+管理服务”党建引领基层社会治理新模式，建立“1+4+8”中、小、微三级网格管理体系，实行定人、定格、定责的党建网格化管理。村党支部书记担任中网格长（负总责），其他4名“两委”干部担任小网格长，8个党小组长担任微网格长，网格长（员）共同承担接待群众、宣传政策和释疑解难等工作，带头推动平安创建、环境治理、道路清洁、文明创建等工作，引导群众参加人居环境整治、文化活动、防山火等志愿服务活动，最大程度发挥党员先锋模范作用，营造共治共享社会氛围，有力提振了农村精气神，为发展壮大上达村集体经济提供了内生动力。

2. 创新党员“积分制”管理制度。让党员干部、入党积极分子等通过“事事比服务，处处做表率”，实现“带头服务”与“发挥作用”的深度融合。通过实施党员“积分制”管理，将党员推上为民服务的“赛场”和“考场”，大大提高了上达村党支部的凝聚力和战斗力。2024年，通过实施党员“积分制”，培养发展了1名入党积极分子，1名党员发展对象，1名预备党员。

3. 开展入户联心。为进一步密切党群关系，深入了解村民的实际需求，上达村党支部积极开展“入户联心”工作，广泛动员党员干部、乡贤等各方力量一同深入村民家中。在入户走访过程中，用心倾听民声，从家庭琐事到村庄大事，了解村民在生产生活中的实际困难和需求，全方位收集村民的诉求。同时，还积极宣传各类惠民政策，例如医保政策和以旧换新政策等，让村民能够及时知晓并享受到政策红利。

（七）健全服务体系，提升长者乐享水平

为进一步加强对村中长者的关爱，自2021年以来，上达村党支部书记林友鑫秉持着敬老爱老的情怀，积极发挥牵头引领作用，组织社会企业、乡贤为村中80岁及以上高龄老人购买医疗保险，确保该老年群体病有所医，也进一步完善了村里针对长者的服务体系，提升了他们的安全感和幸福感。

三、未来发展规划

（一）文化建设方面

1. **加强公共文化设施建设。**对现有的设施使用情况进行评估，根据实际情况进行必要的改造和升级。

2. **提升设施使用率。**充分利用现有的公共文化场所，定期举办文化活动，激发村民的参与热情。

3. **打造乡村文化品牌。**深入挖掘上达村的历史文化和民俗特色，结合本地资源，如荔枝“股票树”产业，开发具有上达特色的文化旅游产品。

（二）产业发展方面

为进一步促进上达村发展，结合现有集体经济项目和生态环境，拟构建“镇政府+村集体+企业+农民”的合作模式，按照“一核引领、二元融合、三位一体”的发展思路（“一核”，指的是以“股票树”项目为基础打造900亩荔枝休闲观光游乐主题公园；“二元”，指的是上达村50处“股票宅”和800亩“股票田”；“三位一体”，指的是谋划将旧村委楼重新装修成为上达村文化产业楼，把三项功能集于一体）。

1. **荔枝等各类农产品加工。**将依托当地丰富的荔枝资源，建设荔枝加工厂，开发荔枝干、荔枝酒、荔枝酱等系列产品，提升荔枝附加值。同时，利用现代化加工技术和设备，确保产品质量和安全，满足市场需求。

2. **整合资源链接线上线下产品营销。**积极整合线上线下资源，打造全方位的产品营销网络。在线上，利用电商平台、社交媒体等渠道，拓宽产品销售渠道，提高产品知名度和影响力。在线下，加强与周边地区及城市的合作，通过参加农产品展销会、开设专卖店等方式，提升产品的市场占有率和竞争力。同时，探索农产品品牌化建设，通过打造特色品牌，提升产品附加值，为村

民带来更多收益。

3. 建设人才驿站。开展产学研推广、科教研学、大学生习训等，从产品、市场、管理等方面提升休闲农业与乡村旅游产业发展质量，打造休闲农业、现代文化体验为核心的旅游精品，提升休闲度假功能，推进休闲农业、乡村旅游与经济、文化、生态、社会主义新农村统筹发展的模式。

4. 积极筹措资金。接下来将积极向各级政府申请农业、文化和旅游方面的补贴和专项资金，同时吸引社会资本投资，共同开发荔枝休闲观光公园项目。在人才引进与培养方面，招聘具有农业、旅游和文化产业经验的专业人才，组建专业的项目团队。负责项目的规划、建设和管理；与高校、研究机构建立合作关系，引进专业人才进行项目规划和指导：定期组织村民和团队成员参加相关培训活动，提升村民和现有团队的专业技能和知识水平，并鼓励村民积极参与到项目中来。

（三）干部队伍建设方面

1. 提高乡村干部待遇，优化工作环境。根据当前市场情况和乡村工作特点，合理调整乡村干部的薪酬待遇，进一步改善村基础设施，包括交通、通讯、住房等，为乡村干部提供更好的工作和生活环境，以吸引更多年轻人投身多村建设。

2. 拓宽选人用人渠道，引进优秀人才。在选拔乡村干部时，打破地域和身份的限制，通过公开招聘、人才引进等方式，吸引更多优秀人才参与竞争。

总的来说，就是确立“政府主导、文旅融合、城乡统筹、全域发展”的理念模式，推动荔枝产业向高新农业、低碳农业、观光农业、休闲农业发展。由龙头企业、农业种植专业大户和党员能人带头示范，实现产业联动的聚能突破，多样化社会资源整合与联动发展。

同时，我们将与周边各村形成抱团发展，积极探索壮大集体经济的路子。继续加强产业发展重点村的规范管理和政策支持。加强宣传推广和消费引导，构建全方位、多层次的乡村产业品牌体系，在推进乡村产业重点建设的基础上，促进乡村产业集群化、片区发展。

联安镇霞埔村

绘制守正创新“五幅图” 谱写乡村发展“新篇章”

近年来，霞埔村全面贯彻落实省、市、县关于乡村振兴战略部署，深入推进省委“百千万工程”、市委党建引领“三六九”工程、“明珠系列”工程部署要求，认真对标对表，下足功夫做好各项重点工作，全力以赴把霞埔村打造成产业兴、村庄美、生态佳、治理好的典型样板。

一、乡村概况

霞埔村是海丰县联安镇下辖行政村，位于联安镇西南面，距离镇政府2.8公里，区域面积约

霞埔村俯拍图

9.8平方公里。村庄坐西北向东南，东接坐头村、西连唐厝村、南邻大港社区、北倚永乐村，县道X127（国际重要湿地旅游观光路）贯村而过，交通便捷。村“两委”干部7人，党员81人，村民小组13个。全村现有户籍人口735户、3642人，常住人口366户、1570人。村有烈士11人，是黄花岗七十二烈士之一陈潮烈士的故乡。全村耕地面积1900多亩，以水稻为主要农产品；鱼塭5930亩，咸淡水资源丰富，发展水产养殖业有得天独厚的地理条件，以咸水养殖为主，盛产生蚝、蟹、虾、鱼等海产品；村集体物业资源包括农贸市场1座、厂房2栋、店面35间。

近年来，霞埔村先后获得“2020年度广东省卫生村”“2020年度广东省民主法治村”“海丰县2021年先进基层党组织”“海丰县2022年度公安保卫（治保）先进单位”“2022年广东省乡村治理示范村”等荣誉，2023年被定为广东省“百县千镇万村高质量发展工程”首批典型村培育村之一。

二、乡村振兴工作情况

（一）培“根”筑“基”，绘就集体经济富足图

1. 做强优势产业。霞埔村高效盘活鱼塭资源，化零为整集聚鱼塭5930亩进行发包，针对村内大型生蚝加工厂延伸产业链，推动鱼塭资源流转实现“水生金”，融合推进“兴海强市”工程，做优做强生蚝产业，打造海上“绿色菜篮子”。每年创造村集体经济收入约590万元、固定就业岗位100个，并带动下游经济效益和就业岗位，在助推霞埔乡村振兴、发展特色产业进程中发挥重要作用。

霞埔鱼塭

2. 盘活集聚闲置资源。为避免集体资产“就地撂荒”，推动现有资产“保值增值”。霞埔村积极推进霞埔农贸市场建设项目的开展，该项目于2023年5月开始施工，两个月时间顺利通过竣工验收。为配套农贸市场提质升级，村“两委”干部提前谋划、及早部署，将市场

霞埔农贸市场

前排老商铺拆除及地面硬底化，于2023年10月上旬全面完工。2023年8月，农贸市场和35间店面被统一打包到三资平台进行公开招投标并成功交易，每年租金达14.5万元；大幅增加村集体经济收入的同时，解决了以往市场及铺面中间的通道处于“两不管”的管理漏洞，也避免了单间铺面上三资平台烦琐复杂、难以操作的问题。2023年12月，闲置多年的农贸市场二层通过三资平台公开竞标最终以每年14888元成功交易，打造“市场+美食”经营模式。

（二）增“色”添“彩”，绘就和美乡村“风景图”

1. 外立面特色升级。结合自身乡村特色，推进乡村入口、主干道、农贸市场等周边房屋外立面彩绘工作，主题涵盖海丰白字戏、虎狮、排球精神、龙舟文化、渔民丰收、鱼塭产品等内容，共完成外立面彩绘15幅，让旧墙“穿新衣”，为霞埔增添一幅幅彰显本地特色、精巧美丽的艺术画卷，促进乡村风貌提质升级。

霞埔村房屋外立面彩绘

霞埔村干净整洁的主干道街景

2. 深入推进人居环境常态化整治。近年来，霞埔村共通过“三清三拆”拆除破旧房屋100余间、清淤3万余平方米、复绿面积达到4000平方米；通过“厕所革命”新建无公害化公厕4个、户厕1户，配备专职管理人员；通过“垃圾革命”建设垃圾池4个，健全农村生活垃圾处理系统，提升村人居环境整治，聘请配备专业专职保洁员队伍，实现辖区内常态化保洁，保持人居环境干净整洁。

“认捐栽树”活动现场及植树成效

3. 持续打造绿美霞埔。积极开展“绿美霞埔·我为家乡种棵树”认捐栽树行动。通过发动党员、群众、社会各界人士及企业以实际行动植树护绿，深入村内“四旁”“五边”植树添绿，同时完善《联安镇霞埔村绿化苗木管护办法》，霞埔村绿化共分成6个责任片区，分别由“两委”干部作为管护责任人带领各村民小组落实包干，负责做好松土、锄草、浇灌、施肥、修剪、刷白、防治病虫害等工作，切实跟进苗木的管护和抚育，为绿美生态建设成果保驾护航。目前共组织认捐活动3次，认捐金额累计超8.9万元。通过绿美生态建设工作共种植乔木1414棵，创建“四小园”12个，霞埔村绿美生态建设初见规模。

（三）补“短”强“弱”，绘就民生服务“幸福图”

1. 完善公共设施。按照“要想富，先修路”思路，在基础设施建设上狠下功夫，将道路硬化列入每年年度计划项目中，截至目前，霞埔村已实现道路硬化22公里，其中干路1公里，支路7公里，巷路14公里，基本实现村内户户通硬化路，打通村民生产生活的幸福路；推动村内水闸修建工程，提高村防洪防汛排涝能力；推进各村民小组“三清三拆”出来的闲置公共地硬底化，通过村“两委”干部、村民小组长会议研究决定，采取“村民小组自筹+村集体支持”模式促成闲置空地硬底化项目，并将硬底化空地转换为村民晒谷场充分利用；协助开展霞埔小学校园围墙修缮项目，对小学年久失修的校园围墙进行拆除重建，进一步优化众多霞埔学子学习环境。

新时代文化讲堂

综合文化服务中心图书室一角

灯光球场

2. 着力推动乡村公共服务提升。为顺应新时代人民群众对美好生活的新期待，霞埔村整合党群服务中心等各方资源，积极建设文化设施，在村委会三楼设置了儿童之家和新时代文化讲堂；在村人流量密集处建设了独立成栋的综合性文化服务中心，中心内设有图书报刊阅览室、娱乐KTV室、公共电子阅览室、乒乓球台及众多乐器等文化服务设施，满足群众各类精神需求；推进建设健身广场（灯光球场）作为霞埔村球类训练基地，健身广场内设有排球场1个、篮球场1个、健身路径2套，为广大群众提供健身活动场地。为了更大满足群众的需求，2024年下半年，向上级申请安排该村200万元的中央推进农村综合改革资金，谋划将健身广场改建为联安镇霞埔村综合体育馆项目，预计今年8月份动工，年底完工并投入使用。

霞埔村积极培育、组建文化服务队伍。共配置综合文化服务中心专职管理人员1名、文体协管员1名，建设志愿者服务队伍1支，共有队员27名，全面加强对村综合文化服务中心及各项文化活动的管理和组织。

工作中的霞埔村文化服务队伍

霞埔村开展"助学筑梦"奖学金发放活动集体照

3. 加强教育事业投入。弘扬崇学向善的乡风民俗，自2022年起，村委组织历年举行霞埔村"助学筑梦"奖学金发放活动，截至目前已开展奖学金发放活动3届，共发放奖学金金额10.2万元，受益学子75名。该活动旨在坚持推动教育事业高质量发展，鼓励优秀学子继续积极进取、努力成才，推动和发扬崇学、尚学、勤学的乡风民俗精神。

（四）补"钙"强"筋"，绘就特色文化"新蓝图"

霞埔村重视本地传统的挖掘和传承，积极盘活传统文化资源。村内现有三大文体艺术队伍，分别为霞埔村传统民乐队、霞埔村排球运动队及霞埔村龙舟队伍。

1. 霞埔传统民乐历史久远。曾为海陆丰的稀有剧种西秦戏提供了丰富的情境音乐素材，于2024年7月25日正式列入海丰县第四批县级非物质文化遗产代表性项目名录，并制定了霞埔传统民乐五年保护计划（2022—2026），力求进一步激活乡村记忆，让乡土文化根脉更好地延续。

2. 霞埔村被誉为"排球之乡"。每逢农闲时节，村民乐于以排球赛形式锻炼身体，每年农历春节初五，霞埔村均会组织大型排球比赛，并邀请外村参加。

霞埔村传统民乐队

霞埔村排球赛事

霞埔村龙舟赛事

3. **霞埔村是传统龙舟强村。**该项目起源早，群众基础坚实，每年农历五月初五端午节，村内组织各村民小组队伍举行锦标赛；农历五月初八，作为海丰县“大标”之一，霞埔村也会在本村举办县级龙舟比赛，并热烈邀请外村广大船队参加，热闹非凡，赛事也常吸引海丰融媒体、众多自媒体前来宣传报道，加速传播了霞埔村“龙舟训练基地”品牌的知名度和美誉度。

霞埔村委对各类传统文体活动的推进，受到了村民的热烈支持，不仅凝聚起霞埔村的人心与乡情，成为村民深印在血脉里的难解情节，也极大地丰富了本地群众业余文体生活，有效引导了人民群众形成同心协力、奋勇争先、积极向上的精神风貌，倡树文明乡风，推进移风易俗，进一步加快了霞埔乡村文化振兴的坚实步伐。

（五）增“效”提“质”，绘就乡村治理“和谐图”

霞埔村持续加强和创新基层治理，切实维护社会和谐稳定。纵深推进“田”字形治理。以“一网揽尽”为原则，将村各项工作任务纳入全科网格；以“民情地图”为载体，通过情况上报对接镇联勤指挥中心，实现“互联网+基层治理”；以“一村一研判”为契机，对全村进行拉网式排查，把村情摸清、把民意摸透。持续开展“一亲三心”活动。充分听取“返乡走亲”干部“良策”，以实际行动走实走好新时代群众路线，进一步拉近联系服务群众的亲情距离。大力维护社会面治安稳定。以创建“平安霞埔”为目标，坚持“打防结合，预防为主”方针，大力开展严打整治斗争，严格落实重点人员管控，认真做好矛盾纠纷排查调处，狠抓安全生产走访排查及治安、反走私巡逻防控，为村社会安定和经济发展保驾护航。

开展结对帮扶、一亲三心工作

开展反走私、消防巡查等综治工作

三、未来发展规划

（一）做好“老树新枝”文章，加快盘活闲置资源

主动对接上级部门，推进辖区内卫生院原址等闲置用地资源的改造项目，将卫生院原址改造建设成专业冻库，利用第三方平台、依法依规引进外来企业，通过租金进一步提高村集体经济收入。

（二）做好“插柳成荫”文章，积极推进项目落地

推进霞埔村海产品产业园区提升改造项目，通过对村闲置厂房进行外立面刷新、西栋内部装修、增建冻库及部分生产线等改造，打造霞埔村海产品产业园区，打造品牌、带动就业，促进水产养殖业的产业化、规模化发展；积极配合中铁集团，推进联安镇综合体育馆建设项目，依托镇级规划，加快建成一体化、专业化的综合型体育馆，进一步带动村人流量及经济增长，增加商业机遇。

（三）做好“育种蹲苗”文章，谋划文旅新业态

充分利用霞埔村内丰富的湿地资源及文化资源，依托“鹭影禾香”乡村振兴示范带，全力建设“海韵渔情海产体验区”，打造以海产养殖为基础，集观光、科普、海产体验、民宿、餐饮、休闲活动相结合的综合性的休闲渔业旅游综合体，逐步发展为远近闻名的乡村旅游“打卡地”。

平东镇双墩村

品牌搭桥助力双墩村产业升级

一、双墩村简介

双墩村位于平东镇中南部，辖区面积8.5平方公里，下辖10个自然村（其中7个为公平水库移民村）。全村611户，户籍人口4422人，常住人口1058人，耕地8139亩。盛产花生、芝麻、黑豆、黄豆、赤豆等农产品。双墩村全部10个自然村都依公平水库而建，饮用水资源和海丰省级湿地鸟类保护区“双区”制约，不能发展养殖业和工业，青壮劳动力在外务工及经商，导致村庄空心化，农业生产和商业发展受限。

2021年以来，在汕尾市各级党政和组团单位的关心支持下，在市自然资源局牵头的乡村振兴驻镇帮镇扶村工作队及帮扶单位南方电网汕尾供电局的大力帮扶下，双墩村通过创建“双墩大队”品牌，以品牌搭桥，以省级“全域土地综合整治试点镇”为契机，守好耕地保护“红线”、筑牢粮食安全“底线”，不断改革创新，加快农业升级转型，引进龙头企业，着力挖掘土地“增量”，全力激活土地“变量”，全面推进“百千万工程”高质量发展，跑出村集体经济发展“加速度”。2023年，双墩村被评为广东省“百县千镇万村高质量发展工程”首批典型村。2023年底，双墩村集体经济收入达到109.78万元，较2022年翻了一番，2024年预计将达到125万元。

二、主要工作成果

（一）创建“双墩大队”，成为汕尾市首个以村命名的区域公共品牌

“双墩大队”品牌以传统客家人常用的“箩格”作为标识图形取用20世纪60年代知青下乡到双墩村开荒造田的历史为品牌文化背景，呈现双墩村的人文故事品牌背景。目前，“双墩大队”已拥有了规范的品牌形象、系列包装，建立了集展示与直播功能于一体的综合展馆，有效整合了

平东镇区域内乃至周边乡镇的多品类优质产品，旗下拥有30多款农特产品，全部具有SC食品生产许可证，已上架南方电网系统的“南网商城”、汕尾市消费帮扶平台、抖音、快手等电商平台。2023年12月28日，“双墩大队”发布，成为汕尾市首个以村命名的区域公共品牌，截至2024年10月，实现300万元的销售额。这一销售额的实现，标志着品牌在市场上的初步认可，预计未来一年的销售额将增加8%。“双墩大队”的成功运营，提高了汕尾农特产品的知名度、美誉度和附加值，进一步提高了本地农户对农业的信心，有力推进了解决土地撂荒问题，为地方农业品牌建设提供了可借鉴的模式。

（二）整合土地资源，发展富民增收产业取得新突破

双墩村通过双墩经济联合社独资成立海丰县双墩农业发展有限公司，将撂荒地通过集中流转、代耕代种、土地托管等农业生产社会化服务方式，真正让土地“流”出活力，“转”出后劲。2023年8月，平东镇成功引进广东万亩田园农业有限公司在双墩村流转土1200亩，引进华南农业大学的优质大豆系列和平东本地大豆共计12个品种推广试种，在双墩村推行“基地+专业合作社+农户”的营运模式进行大豆种植，为平东扩宽传统农业种植和发展新型产业起好头、奠基础、强主体。平东万亩大豆基地项目建成后，将直接带动周边及海丰东北部三镇千余家农户和农民专业合作社种植大豆并深加工成豆制品销售，将带动500人以上就业，提高农民人均可支配收入约2500元。以双墩村带动全镇村（社区），让一个个小小的豆子摇身一变，成为村民眼里增收致富的“黄金豆”，实现“一镇一业”。目前，双墩村已经引进的海亮现代农业海丰有限公司、广东万亩田园农业有限公司、广东美园农业发展有限公司、奇达种植合作社等农业企业，截至2024年共流转土地4200多亩，每年土地流转租金收入100多万元，解决村民就业140多人。这一规模的土

平东镇人民政府与国家大豆改良中心广东分中心签订战略合作协议，并与广东万亩田园农业有限公司签订项目投资框架协议

国家大豆改良中心广东分中心繁育基地

地流转为规模化农业生产提供了基础，将吸引更多农业企业入驻，预计明年将新增流转土地300亩，形成更完善的农业产业链。

（三）发挥帮扶优势，基础设施公共服务短板得到补强

汕尾供电局充分发挥帮扶单位优势，推动35KV平东输变电工程加快实施，帮助解决平东镇供电基础设施的短板问题；出资29.7万元，打造“双墩大队”品牌项目；在双墩村打造新能源示范村、新电气化示范村，3年来已投入52万元用于屋顶光伏，增加村集体经济收入5万元左右。工作队联系海丰县教育局，由汕尾供电局出资4万元成功协助建成平东镇中心小学“南网知行书屋”项目。组织开展“美丽乡村　亮灯行动”，为平东镇15户脱贫监测户提供室内用电线路检查和改造服务，消除安全隐患，确保村民用电安全可靠。

屋顶光伏

（四）植树造林，绿美生态建设取得新成果

2024年以来，为深入推进绿美平东工作部署，双墩村积极推进植树造林，推动形成全民爱绿、植绿、护绿、兴绿的深厚氛围。帮镇扶村工作队、驻村第一书记、村“两委”干部带头参与植树活动，在各个自然村打造 “四小园”，开拓绿美面积，提升绿美内涵。在村党群服务中心的后山公园，栽种了相思、荔枝等树木，营造绿色浓郁、生机勃勃的生态小公园。同时，根据地形建造党旗雕塑、党建宣传栏，打造了风雨长廊，修建了水泥路道，并配备了体育器材，成为村

民活动、休憩的好去处。平东镇主导的“万亩大豆基地”落户双墩村，有利于该村将绿美生态建设和发展农业经济结合起来，协助大公司流转土地进行大规模开发，提供周边村民就业机会，实现经济和绿色双赢。

三、主要工作举措

（一）党建引领，推动“百千万工程”走深走实

平东镇始终把党建引领推进“百千万工程”放在前面，不断加强组织领导，高位谋划。镇党委书记当好“一线施工队长”，村（社区）书记当好“领头雁”，对重要工作、关键环节亲自过问、亲抓落实，压实镇、村两级主体责任，形成上下贯通、协调联动、运转顺畅的指挥体系。在镇党委的有力正确的领导下，在驻镇帮镇扶村工作队的协助下，双墩村采取措施，不断强化党建引领工作：一是加强思想政治、理论政策的学习，不断提升“两委”干部履职能力，把党的理论政策落到实处，抓到细处，使群众了解党的政策发展方向，惠民措施。做到方向正确，上下融通，把党组织建在产业链上，在大豆种植产业中，成立“党员先锋队”，负责联系种植户解决技术问题和协调土地流转问题，党员聚在产业链上。二是加强农村青年技能培训，包括农业技术、农业服务、农村电商等领域人才技能培训，使农业生产、经济发展得到人才保障，村民就业有选择、有出路、多就业、多收入，平东镇近年来通过组织线上培训，使12名村民掌握线上销售技能，将自家农产品通过“双墩大队”平台销售，人均增收2000元，让群众富在产业链上。三是以品牌效应搭建农特产品线上线下销售渠道，建设农特产品展示厅，设立电子商务直播间，带动农产品生产，促进农民增收、农业增效，开展品牌故事进万家活动，组织志愿者到周边乡镇宣传“双墩大队”品牌背后的知青文化和优质农产品特色，提高品牌知名度、美誉度。

电商直播基地

双墩大队产品包装盒

（二）设计赋能，打造“双墩大队”区域公共品牌

工作队发挥牵头单位市自然资源局职能优势，主动承办推进平东镇域乡村振兴“十四五”规划编制，积极协助平东双墩村探索多赢的产业升级策略，提出通过成立品牌进行线上线下推广销售平东镇农特产品的方式助力产业升级、提高产品附加值，刺激农户提高种植积极性，减少土地丢荒，壮大村集体的收入；发挥汕尾职业技术学院专业优势给予策划指导，汕尾供电局在启动资金方面给予大力支持，打造线上线下“两个展厅”。线下通过南方电网汕尾供电局的资金支持，充分挖掘现有资源，利用旧村委办公楼一楼建设产品展厅，以最低的成本发挥最大效益，打造集销售、展示、宣传于一体的“双墩大队”农产品体验展厅；线上通过科工信局电子商务服务站落地双墩，提供电子商务政策和技术支撑，开展直播电商、线上销售，合力打造宣传推广平东的好山好水好产品的平台载体。

双墩大队展示厅

双墩大队展示厅内部

（三）筑巢引凤，构建双墩村高质量发展新模式

双墩村与海丰县供销合作联社签订村社合作协议，设立双墩村级供销社，奋力提高农产品流通能力，农资流通服务能力，农业技术服务能力；与县科工信局签订协议，使电子商务服务站、农产品检测中心落地双墩村，进一步提高电子商务服务和配套能力、农产品检测服务能力，与海丰农商银行签订银企合作协议，通过海丰农商银行授信海丰县双墩农业发展有限公司，破解发展资金短缺难题；双墩村以村股份经济合作社形式入股，组建村属公司“海丰县双墩农业发展有限公司”，农户可以在农闲时节在村属公司生产车间内进行打包、装箱、发货等，增加家庭收入。

（四）合作共赢，实现村集体经济收入不断提高

双墩村与帮扶单位汕尾供电局合力打造“帮扶单位+合作社+特色农业企业+农户”的乡村振兴发展合作共同体，利用南网商城、赫兹乐购两个平台让农业企业开展上架销售，合作社为农业企业提供在平东镇及双墩范围内种植、收购农产品提供便利，通过结对共建、优势互补，辐射带动周边农户就近务工，共同推进双墩村产业发展；海丰县双墩农业发展有限公司与海丰冠众农业发展有限公司签订“双墩大队”合作运营协议，按销售额200万元保底提成4万元（超出200万元继续按2%提成）方式，为发展村集体经济带来源源动力。

四、下一步发展计划

（一）强化乡村振兴要素保障

继续深入学习党的二十大精神，以习近平新时代中国特色社会主义思想为指导，贯彻落实省、市、县、镇“百县千镇万村高质量发展工程”系列会议精神，结合双墩村实际情况，协助完善双墩基础设施建设及民生短板，完善农田水利设施，重点发展农村电子商务，进一步完善集体经济发展机制，不断完善双墩村经营体系、服务体系，逐步实现农业产业高质量发展和富民兴村的乡村振兴目标。

（二）做大做强主打产业

继续发展壮大平东大豆产业，以海亮基地及广东万亩田园农业有限公司大豆繁育基地为基础，扩大大豆种植规模至3000亩。延伸产业链，推进大豆加工业发展，提高农产品附加值，结合“双墩大队”品牌进行包装推广，不断做强做大“双墩大队”品牌，进一步壮大村级集体经济收入，促进村民增收。

（三）打造双墩村地标式打卡点

按镇党委、政府的要求，推动“知青记忆　生态小镇”设计要素落地见效，打造湖畔咖啡、台农庄园、双墩知青农场等地标式打卡点，推进文化与旅游的深度融合，带动“双墩大队”系列

产品的销售，带动旅游与消费，并以打造“知青记忆 生态小镇”为契机，发动社会资本积极参与建设。

（四）发掘“双墩大队”品牌卖点

根据广东省地质调查院有关富硒特色土地资源调查取样成果，双墩村地处天然富硒土地，可以进一步采集大豆、芝麻、花生等特色农产品，分析硒含量，发掘富硒农产品卖点，提高产品在消费者心目中的认可度、美誉度。进一步拓展品牌发展空间，逐步实现产业跨区域联动发展、数商兴农，把“双墩大队”系列农特产品推向更广阔的消费市场。

04

第四编

陆河县乡村振兴典型案例

螺溪镇

“微治理”激发“大能量”

一、基本情况

螺溪镇位于汕尾市陆河县北部山区，东接揭西、北通五华、西邻紫金，是三县商贸物流节点，区域面积153平方公里，下辖1个社区和15个行政村。全镇户籍户数8860多户，户籍人口38900多人，党员850多人，常住人口21800多人。螺溪镇政府位于螺溪社区日角圩，镇内有中学1所，小学2所（含校区10个），幼儿园4所，卫生院1所，银行网点2处。全镇共开通公交路线2条，有13个村（社区）通了公共交通。螺溪镇主要种植的农作物有水稻、番薯、土豆、花生等，园林水果主要有青梅、李子、香蕉、荔枝、龙眼等。近年来螺溪镇坚持以农村“5+2”改革为抓手，大力推行“党支部+企业+合作社+农户”“企业+村集体经济组织”产业发展模式，培育农业经济合作社80多家，农业种植养殖企业20多家，国家农民合作社示范社

螺溪风貌

1家，省级重点农业龙头企业1家，流转土地4.5万亩（3000公顷），形成青梅、李子、橄榄、油茶种植以及果制品、茶叶、矿泉水加工等特色产业，陆宝矿泉水和清绿梅制品等特色产品销往全国，建成全县首家农产品展示交易中心和电商物流服务平台，“种植+加工+展示+销售”于一体的“三产融合”体系初步形成。

二、主要做法

螺溪镇获得全国创建文明村镇先进村镇、全国乡村治理示范镇、国家卫生镇和省固本强基示范镇、省文明村镇、省生态示范镇、省卫生镇、省乡村治理示范镇、省宜居示范镇等荣誉称号。

近年来，陆河县螺溪镇深入学习贯彻习近平总书记关于基层治理的重要论述精神，认真贯彻落实省委、市委、县委系列部署要求，坚持和发展新时代“枫桥经验”，不断丰富基层治理模式，充分发挥群众主体作用，聚焦做实“党建+”“+党建”文章，打好“微党建+微积分+微服务”组合拳，有力提升基层治理现代化、法治化、专业化水平。

（一）抓好“微党建”，提升党建引领核心力

螺溪镇聚焦村级“三资”管理不严、党群关系不够密切、网格管理不够精细等问题，以党建引领基层治理系统化、精细化。

1. 全面落实“123”工作法。聚焦基层组织的最小单元，坚持以党的领导为核心，扭住“组账+印章”两个关键，实行村民小组组账村监镇管和村小组印章由行政村党组织管理制度，严把“队伍+阵地+保障”三个重点，全面强化基层党组织对村民小组的领导、管理和监督，结合“5+2”改革，摸清家底、核实资产，有效盘活闲置土地资源，“三资”管理由乱变治，既填补了管理漏洞又助推了村集体经济。

2. 创新推行“三三六”新模式。将群众基础好、威信高、情况明、责任心强的党员推选为党员中心户，以“党员中心户+联系户”划分325个“微网格”，赋予党员中心户对其责任网格内群众参军、考公、入党、评先评优等出具意见的权利。以落实定岗、定责、定量“三定”为基础，以建立领导点评、党员互评、群众评议“三评”体系为保障，带头做好政策宣传员、民情收集员、矛盾调解员、群众服务员、致富帮扶员、评议监督员，激励325名党员中心户了解民情、收集民意、解决民需，在推动工作落实中，既发挥了党员的先锋模范作用，又密切了党群关系。

3. 建强夯实“1+N”主阵地。全面强化基层治理微阵地，以镇党委为中心，由镇级层面负责统筹调配各类资金、资源，全面规范完成了16个村（社区）党群服务中心、13个组级党群服务站、16个新时代文明实践站、12个幸福食堂、12个居家养老服务中心的建设，形成了全覆盖的基层服务体系，有效解决了村组“活动无阵地、议事无场所、服务无载体”的问题，为实施基层治理提供了重要阵地支撑。

（二）用好“微积分”，激发基层治理正能量

螺溪镇注重运用“积分制”，激发村民自觉共建共治共享的热情，最大程度发动广大群众参与到乡村治理的各项事务中，切实解决基层治理现实中“党员在干、群众在看”的问题。

1. 创新推行“积分制”。实行“党建+乡村治理”积分评比奖励制度，建立涵盖村规民约、人居环境、好人好事等村级事务的积分评价体系，在村党群服务中心设立“积分兑换超市”。由各村根据实际制定评分标准，每月定期对本村村民的环境卫生情况进行评比，根据实际评分评出“榜样户、达标户、不达标户”，每月的积分可分为积分项、加分项、扣分项、一票否决项等，村民可按照评比的情况得到相应的积分并凭积分兑换洗衣液、香皂等日常生活用品，以“积分考核、兑换奖励”的形式引导群众主动参与人居环境整治和乡村治理，群众参与人居环境整治和乡村治理的积极性大幅提高。

2. 涵养文明“新风尚”。持续营造善美文化内涵，以“善美女性”“善美少年”“善美老人”“善美家庭”等评选活动为契机，积极选树在见义勇为、环境整治、护林防火、守望相助、公益事业等领域涌现的村民榜样，纳入积分体系，并通过公榜、表彰等形式，对表现突出的人物事迹进行宣传，掀起全民“竞标争先”“比学赶超”热潮，引导群众争做乡风文明者，激发了广大群众参与治理的活力。

3. 适度运用“红黑榜”。积极开展“绿美庭院”和“星级文明户”评比，推行“红黑榜”制度，对村中的好人好事和不良现象进行上榜公开，结合“党建＋乡村治理”积分评比制度对达标户和不达标户进行公布，对榜样户进行公开授牌，通过表扬先进、鞭策后进，营造了“你追我赶”“良性竞争”的良好氛围，推动共治、自治、法治、德治、善治“五治一体”的基层治理模式成熟运用，有力推动构建共建共治共享的乡村治理共同体。

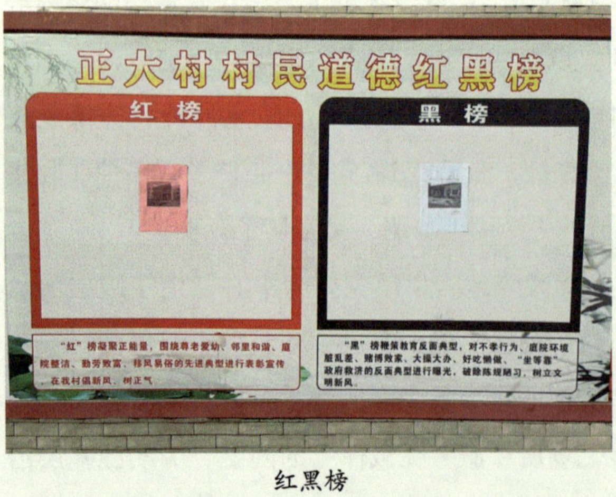

红黑榜

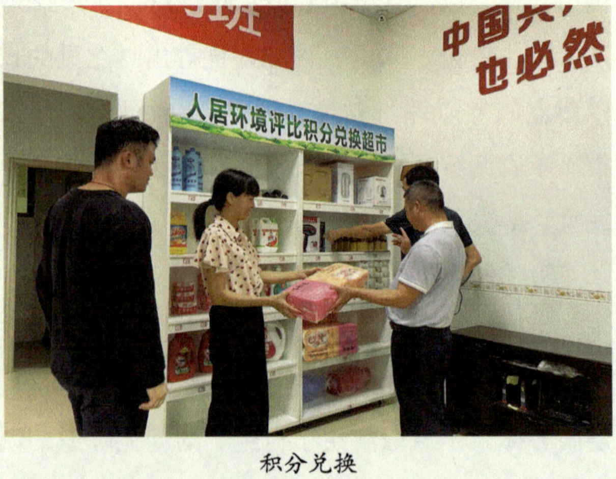

积分兑换

（三）做好“微服务”，擦亮基层善治新品牌

螺溪镇紧紧依托新时代文明实践站平台，针对留守人群高频服务事项，全面开展“订单式”服务，通过群众点单、党员接单，及时回应妇女、儿童、老人等群体的关注需求。

1. 凝聚“她力量”。充分凝聚妇女力量，通过挖掘农村妇女在乡村治理当中的中坚作用，利用“三八国际妇女节”重要节点开展以女性为主题的集体活动，通过组织妇女代表参与“积分制”交叉评比、组织成立“农村广场舞蹈队”等举措，架起党组织与妇女团体沟通交流的桥梁，充分激发女性荣誉感和使命感。

2. 温暖“四点半”。针对外出村民担忧留守儿童下午放学后容易失管的问题，螺溪镇充分运用党群服务中心、“农家书屋”、新时代文明实践站等平台，针对性开设“四点半课堂”，把法治宣传、阅读、书法、画画、体育运动等内容纳入第二课堂，取得良好效益，小朋友通过参加“四点半课堂”学到了很多课堂以外的知识和技能，培养了更多兴趣，得到广大村民的一致好评。

妇女活动

妇女议事会

四点半课堂

3. 相伴“夕阳红”。部分农村长者陋习较多、思想陈旧，在推动乡风文明和乡村治理中阻力较大。螺溪镇通过整合居家养老服务中心、幸福食堂等平台资源，组织社工团体、爱心协会、志愿服务等力量在重要节日为老人提供关爱服务，开展“情浓端午”“重阳敬老　守护陪伴”等系列活动，用“微服务”做好“微实事”，既密切了党群、干群关系，又解决了群众实际困难。

重阳敬老活动

三、下一步工作

下来，螺溪镇将认真贯彻落实省委“1310”具体部署，以高效能基层治理助推“百千万工程”高质量发展。

（一）进一步抓好“百千万工程”，推动典型镇村建设

1. 壮大发展镇域经济。继续做大做强青梅、茶叶、矿泉水加工等优势产业。依托生态优势，加大招商引资力度，充分发挥螺溪乡贤资源优势，引进产业项目一批。新增培育“四上”企业1家以上，积极推进“个转企”，实现企业市场主体质量和数量双提升。

2. 增强联城带村功能。充分发挥典型镇示范引领作用，以中铁帮扶为契机，完善典型镇建设规划编制，建设美丽圩镇特色入口景观和城市客厅，连接兆田至下街道路，改造提升农贸市场，建设螺河东岸生态小公园，打造河堤景观，推动美丽圩镇“七个一”提档升级，确保成功通过典型镇评估验收。

3. 打造宜居宜业和美乡村。深入推进“明珠系列”攻坚行动，持续巩固提升典型村培育建设成果，因地制宜发展乡村特色产业，推动人居环境整治、撂荒耕地整治、生活污水治理、农房风貌提升、乡村绿化美化、基础设施建设取得新成效。

（二）进一步抓好产业经济，推动强镇兴村富民

1. 培育壮大本土优势产业。积极培育农业龙头企业和农民专业合作示范社，壮大清绿青梅、陆宝矿泉水、华南茶叶等公司经济体量，对接省茶业行业协会加大茶叶的宣传推广力度，做好“土特产”文章，并通过电商直播等方式拓宽农产品销售渠道，推动企业增资扩产。

2. 动工建设小微产业园。按照县“一区多园”要求，继续对接高新区管委会完成小微产业园规划设计，并启动标准化厂房建设，完善园区基础设施和生活配套设施，全力推动项目落地建设、开工投产。

3. 大力引进富民兴村项目。全面盘活闲置学校、厂房和富余劳动力资源，计划在拆除食品站办公楼旧址建设富民兴村厂房，充分发挥乡贤资源优势，发动企业投资办厂，培育引进服装制造、电子加工等项目落地投产。积极联合企业组织举办招聘会和技能培训会，推动富民兴村产业规模壮大、转型升级，带动更多本地群众就业增收。

4. 发展壮大村级集体经济。继续统筹驻镇帮镇扶村政策、资源和驻村第一书记力量，引导各村因地制宜打造特色产业项目。充分发挥农村CEO作用，探索发展物业服务经济，并整合各村相关资源进行“抱团联营、村企联建”，促进村财增收、农民致富。

（三）进一步抓好基层治理，推动社会平安稳定

1. 把牢基层治理“基本盘”。按照“三三六”党建引领社会治理工作模式，持续深化“大数据+网格化+群众路线”治理机制。继续强化乡村治理，推动“入户联心”走深走实，落实落细“123”“336”工作法，完善农户积分评比体系，以党员示范为基础，带动群众积极参与。

2. 织密社会治安“防控网”。继续深化平安螺溪和法治螺溪建设，加强社会治安综合治理。常态化开展信访维稳、矛盾纠纷排查化解、禁毒攻坚、扫黑除恶、社区矫正、精神障碍患者管控、反诈骗、法治宣传等工作，依法严厉打击违法犯罪，筑牢意识形态和网络安全防线，推动社会治安持续向好。

3. 守好安全生产“生命线”。深入开展安全生产治本攻坚三年行动，常态化排查整治消防燃气、道路交通、建筑施工、食品药品、森林防火、防台防汛等重点领域安全隐患，有效防范安全事故发生。全面整合镇村应急救援力量，定期开展应急演练，完善应急物资储备，有力提高应对和处置突发安全事故的能力，为推进“百千万工程”、推动高质量发展营造平安稳定的社会环境。

河田镇高砂村

文化铸魂，产业兴村，打造孔子文化特色村

一、总体情况

高砂村坚持以习近平新时代中国特色社会主义思想为指导，全面贯彻党的二十大精神，深入贯彻落实省委“百千万工程”和市委党建引领“三六九”工程部署要求，立足本村实际，发挥资源优势，持续优化产业布局，积极探索产业发展新路径，按照党建引领，文化富带动村民富，依托文旅经济、物业经济、产业经济、发展战略蓝图，三化乡村治理模式，绿美化、产业化、法治化；党建强村、产业富村，文明兴村、生态美村、百千万发展目标，打造高质量发展高砂新样板。

（一）村集体资源（含村小组）

高砂村区域面积3.4平方公里，有耕地473亩、林地976.5亩、山地2500亩。

（二）村集体资产（含村小组）

高砂村集体资产主要包含村党群服务中心、孔子书院、孔子文化产业楼。其中孔子文化产业楼2024年底已完成主体建设，现准备装修。

（三）现有主要产业

高砂村现有主要产业为服装产业。

（四）2023年底村集体经济收入

高砂村粤电文化中心部分办公场所出租34000元；环东路集体土地出租7200元；幸福山庄集体土地出租4800元；下寨顶（幸福山庄）集体土地出租4200元；高砂村环城路边余屋顶集体山地出租4400元；鹰嘴水电站（参股）36600元；孔子书院国学文化讲堂9800元；理财收入约72000元；合计收入173000元。

高砂村俯瞰图

二、工作开展情况

高砂村坚持以党建引领，立足实际，充分发挥基层党组织的领导作用，全面贯彻落实省、市、县、镇高质量发展大会精神和经济工作会议部署要求，扎实推进“百县千镇万村高质量发展工程”。

（一）人居环境提升方面

以培育文明乡风、良好家风、淳朴民风为目标，逐步构建基层自治、德治相融合的现代化乡村治理体系。高砂村坚持以党建引领基层治理，推行入户联心、党员中心户“336”工作法，扎实践行为民服务工作。充分发挥基层党组织的核心作用，将高砂村道德建设跟人居环境整治结合起来，全覆盖推行道德文明积分评比活动，推行道德文明积分管理机制，以家庭为单位，在全村范围内开展道德文明积分评比活动。采取“一月一评比、一季度一兑换、一年一表彰”的

高砂村孔子文化村标志

形式，进一步提高村民群众遵纪守法、爱护环境、尊老爱亲意识，激发村民群众主动参与村中事务、环境卫生整治、志愿服务等，引导广大村民群众崇德向善，崇尚新时代文明理念。同时，发挥该村孔子书院、孔子文化广场等阵地功能，组织村民开展各类文化性活动，引导村民推进移风易俗、改进生活方式、提高生活质量。

（二）生产生活设施方面

农田水利基础设施管护责任得到落实，农田灌排沟渠及时清淤疏通；自然村全部通硬底化路，自然村完成村内道路硬化，村内主干道照明设施完善；自然村集中供水基本覆盖，用水可常年稳定供应。

（三）公共服务提升方面

开展“三清三拆三整治”、村内主干道沥青化、村巷道硬底化、公共厕所、生活污水收集管网、改河路俯视范围亮化等项目建设；完成高砂小学扩建与厕所升级工程，全面改善学生的学习生活环境；完成高砂综合大楼的建设并投入使用，该大楼集党群服务、公共服务、村委卫生站、居家养老等多种功能于一体。建有村级卫生站，药品配备齐全，村医在岗正常提供医疗服务；已实现通电、通水、通网络、通快递等。

（四）发展规划设计方面

将紧紧围绕“儒美高砂”品牌，按照“前园、中院、后山”的发展规划，倾力打造“儒美高砂”孔子文化特色村。近年来，加快推动儒美文化配套项目的落地落实方面，已完成孔子文化广场、孔子文化长廊、乡村农耕馆的建设使用。孔子文化产业楼于2024年底已完成主体架构的建

高砂村孔子文化广场

设，现准备装修。并规划建设“孔圣山”，配套建设孔子雕像、登山栈道、酒店民宿等，打造集国学教育、研学康养、文化休闲于一体的田园文化综合体，为镇村集体经济注入文化活力，进一步刺激村内产业发展。

（五）乡村产业发展方面

高砂村深知产业振兴在乡村五大振兴中的重要地位，在确定乡村振兴发展思路后，把发展产业带动村民就业，增加村民收入当作头等大事来抓。高砂村本村依托服装产业基础，综合考量各村闲置用地、闲散劳动力等因素，努力搭建返乡创业平台，吸引在外从事服装行业的乡贤返乡办厂，让群众在家门口实现就业增收，推动富民兴村产业发展落地见效。逐渐探索出“发展文旅经济+物业经济+富民兴村中小微企业引进培育产业经济模式”复合式乡村振兴模式。

（六）强化乡村治理方面

建立村级重大事项经党支部会议审议机制，并按照“四议两公开” 的程序决策实施；党员在乡村建设发展中的先锋模范带头作用发挥较好；行政村党群服务中心“一站式”服务功能完善，居民医保、养老保险等经办服务下沉到村；每年不定时组织开展“三留守”人员关爱活动。

（七）农村集体经济发展

农村集体“三资”台账管理规范，闲置资产资源有效盘活；2023年村集体收入达到17.3万元，孔子文化产业楼2024年底可投入使用，预计可为村集体年增收50万元。

三、工作创新与亮点

（一）抓党建引领，统筹协调发展

始终坚持党建引领，强化党的领导核心地位，通过系列举措，推动高砂成为河田镇乡村振兴战略实施的“领头雁”。

1. 党建引领，选优配强“头雁”。2017年，陆河县委、县政府全面吹响招才引智的号角，向广大乡贤发出回村助力乡村振兴的邀请。孔维振毅然放弃外面的生意，回到村里做个“穷当家”，作为乡村振兴的带头人，他热情高、办法多、资源广，这就使得他在带领村民建设美丽乡村的过程中得心应手。同时，也为近年来把服装产业引入高砂奠定了坚实的基础。六年多来，他带领高砂村实现了从一个百废待兴落后村落融入县城走向振兴发展的蜕变。

2. 做好组织建设，强化组织领导。高砂村2021年2月升格为党总支部，下设5个党支部，进一步推进党组织向村民小组延伸覆盖，始终坚持党群议事“四议两公开一监督”工作法，确保村重点工作、重点项目在党组织的引领下开展，在阳光下运行。

3. 打造过硬班子，提高治理能力。在村“两委”换届选举中，实现党组织书记、村委会主任、村集体经济组织负责人三个“一肩挑”。引进本科大学生两名、退役军人一名，打造一支困难面前敢抬头，难题面前敢应战的“正、硬、愚、和、善、责”具备狮子型品格的班子队伍。

4. 重视党员教育，提高政治自觉。坚持“三会一课”制度落实。利用节假日外出流动党员返乡时机，组织开展组织生活会和党员活动，为年迈体弱、行动不便、不能参加集体学习的老党员送去学习资料和学习内容，打造“行走”的学习课堂，为老党员送上满满的“精神食粮”。设立党员微信群，不定期发送党建动态和“微党课”。

5. 加强阵地建设，完善服务水平。筹集资金新建集一站式服务大厅、便民服务、党建活动室、阅览室、文体广场等一系列功能为一体的党群服务中心，下设5个党群服务站，提升党群服务水平。

6. 发挥党员示范，凝聚发展力量。始终坚持发挥党员示范带动作用，在陆河大道南扩、新时代公园、G235线升级改造、河东片区、康都酒店、林润时代城等重点项目征迁工作中，做到党员干部走在前，积极主动进村入户协助做好群众工作，顺利完成了1000多亩征地拆迁任务，尤其是在G235线升级改造项目中，仅用22天就完成了400多亩土地的征迁、迁坟300多穴清表工作，为县城扩容提质贡献了高砂力量。

7. 持续开展调研，夯实基层治理。以培育文明乡风、良好家风、淳朴民风为目标，逐步构建基层自治、德治相融合的现代化乡村治理体系。高砂村坚持以党建引领基层治理，推行党员中心户“336”工作法，扎实践行为民服务工作。

（二）抓民生实事，切实提升获得感和幸福感

高砂村按照“少有所学、中青有所为、老有所养”的理念，着力提升高砂村民的获得感和幸福感。

1. 少有所学——建好文化场所，筑牢精神文明阵地。筹措中央解薄资金近400多万元完成高

孔子文化产业楼

砂小学扩建与操场卫生厕所升级工程，在全村大力营造尊师重教风气，为教师提供统一工作装，树立教师良好形象，全面改善高砂小学学子学习环境；倾力打造孔子书院，持续承载青少年德、体、美、劳等方面的教育。目前已开设国学礼仪、篮球和绘画等周末公益培训班；依托孔子文化广场，营造浓厚文化氛围，广场设党建宣传和文化专区，文化专区涵盖社会主义核心价值观、《论语》、二十四孝图等，已成为群众休闲新去向，陆河文化新地标。

2. 中青有所为——走好文旅之路，筑牢就业增收阵地。充分利用高砂村比邻县城区位优势，通过孔子文化园、文化产业楼、文化田园综合体、孔圣山等项目的规划实施，落实人才工程，用家门口就业机会，最大程度减少人才外流，让乡村振兴更具生机。

3. 老有所养——配好养老之需，筑牢安享晚年阵地。依托居家养老服务中心、村级卫生站、村级阅览室、村内文体广场和长者食堂推进，切实做好高砂村孤寡老人、留守老人日间照料、休闲娱乐、免费体检等养老服务工作。同时，通过召开村民代表大会将村集体失地社保分配给高砂村30户老弱病残户，优先照顾长者，享受社保养老待遇，让长者老有所靠、老有所想、老有所依。

（三）抓文旅产业，稳步提升村集体经济

高砂村是圣人孔子后裔聚集村，为此围绕“孔子文化”谋划文旅产业，打造“儒美高砂”文旅特色村。

1. 推动村集体用地入市，建设孔子文化产业楼。多方筹集资金，积极推动“三块地”改革，统筹集体用地1765平方米，建设占地面积800平方米的孔子文化产业楼，工程于2024年底已完成主体建设，现准备装修，可给村集体增收。

2. 盘活集体山林地资源，精细谋划打造“孔圣山”。依托高砂山1000亩集体山地，以文化朝圣为主题，配套建设孔子雕像、登山栈道、酒店民宿等内容，打造国学教育、研学康养一体田园文化综合体项目。

3. 学好发达地区先进经验，谋划建设村级统建楼。加快推进征地拆迁安置地留用划拨建设，计划统筹高砂村留用地10万余平方米建设统建楼，让被征农户摆脱以往“越征越穷”的困境，切实享受发展红利。目前该留用地正在等待报批。

（四）开创“引企业入村+集体培训+保障就业”发展模式，带领村民致富

1. 优化营商环境，催生“归雁经济”。所谓无农不稳，无工不兴。在广州，陆河人从事的服装业一直以来都是陆河人的骄傲，广州三大服装批发集散地之一的沙河服装批发市场，曾有近一半的档口是陆河人开的，是陆河人出外闯世界的桥头堡。孔维振书记利用自己广州服装个私协会的资源，鼓励服装企业家返乡发展。通过深入走访调研，摸清企业用地、招工需求，为企业回乡发展提供一站式服务，解决企业返乡创业的实际问题。针对企业面临的用地难题，该村“拉网式”摸排可出租办企业房屋情况，推荐合适场地供企业选择。截至目前，高砂村共摸排

富民兴村产业技能培训班

前景职业培训学校开展“缝纫工”岗前公益培训班

出闲置房屋21间，回引服装加工企业13家。累计提供300多个岗位，工人工资年收入达1000多万元。

2. 公益开展集体培训，提升就业能力。一边是企业招工难，一边是村民就业难。如今这一“两头难”在高砂村迎刃而解。该村开创“引进企业+集体培训+保障就业”发展模式，通过校企合作，在前景职业培训学校开展“缝纫工”岗前公益培训班。目前已成功举办了10期，共有近300人参加培训，九成以上的学员实现了再就业。

高砂村以富民兴村中小微企业引进、培育带动增收为着力点，不断加大村民培育力度，拓宽农民就业渠道，实现从富余劳动力到富裕动力的巨大转变，让高砂村村民收获更多幸福感、获得感。

四、下一步工作措施

（一）聚焦“四圈建设”，打造“百千万工程”新引擎

高砂村将始终坚持生态优先、绿色发展，以建好商业圈、生活圈、文化圈、服务圈“四个圈”为目标，加快乡村繁荣振兴。目前新时代文化广场、康都酒店、第三实验中学、林润时代城已开工建设，建成全县最大民生文旅商业中心，凭借北邻陆河县中心城、南靠碧桂园柏悦华府的地域优势，致力打造最大商业圈。充分利用辖区内有多所学校、加上一河两岸清水公园、孔子文化广场、孔子书院，打造陆河县城最舒适生活圈、传播儒家思想的文化圈。服务圈以高砂村产业楼项目为基地，发挥辐射引领作用，引进服装、电商、服务企业，预计将带来产值增收上亿元。

（二）发挥“儒美文化”优势，绘制“百千万工程”新地标

高砂将彻底融入城镇化的发展轨道，告别农耕的传统生活模式，致力于成为陆河县城发展的中心地带；高砂村将以党建引领促乡村振兴，按照规划以文化轴线串联“前园”“中院”“后山”，布局建设多个地标性建筑的滨河文化公园，分区设计囊括多个文化区。通过发展孔圣文化+多元产业，分期合理建设逐步打造完整功能区，丰富业态功能，形成多元复合业态，传承文化、促进消费、带动旅游，发挥文化价值最大化。

河田镇布金村

党建引领促发展　打造“共富共享”布金村

一、布金村概况

布金村地处陆河县河田镇北部山区，区域面积5.2平方公里，有耕地约700亩、林地约7000亩，下辖4个村民小组，全村总户数492户，总人口2654人。主要产业有布金香米、阳光玫瑰葡萄等。

曾获得“全国示范性老年友好型社区”“广东省卫生村”、汕尾市文明新风建设“美丽家园”示范点、“广东省乡村治理示范村”等荣誉称号。

布金村标志

二、组织建设

（一）突出思想引领，不断夯实思想之基

布金村严格执行“第一议题”“三会一课”学习制度，坚持做好理论学习，在党员大会、支部委员会等会议上，贯彻学习习近平总书记重要讲话精神。并依托党员主题活动日、“学习强

国”等平台载体，定期组织党员认真学习党的二十大精神和习近平总书记重要讲话精神。同时抓实学习氛围营造，以党的二十大精神为契机，举办专题党课等活动，引导全村党员进一步形成同心向党、砥砺奋进的生动局面。

（二）突出实践导向，切实服务中心大局

注重将学习教育与开展实践活动密切结合起来，坚持实践导向，积极主动向广大党员和人民群众广泛问需问计，切实服务中心大局。结合本村村情实际，开展“一月一主题”党日活动和党员志愿服务活动，聚焦身边人、身边事，着力办好事、办实事、解难事，展示新时代共产党人的良好形象。在实践活动中，切实将学习教育成果转化为办实事、开新局的强大力量，用为群众办实事解难题检验学习教育成效。

（三）突出责任担当，加强支部自身建设

严格按照党中央和上级党委的工作要求，强化支部主体责任，定期召开支委会讨论研究支部主要活动方案，结合工作实际，严格党员教育管理，抓实党支部建设。

1. 抓好支部日常工作。按照上级文件要求开展“一月一主题”系列主题党日活动，进一步深化支部党建工作，每月结合实际，围绕相应的主题开展各项实践活动。以党章为根本遵循，落实“三会一课”、谈心谈话、民主评议党员、组织生活会等制度，不断增强党内政治生活的政治性、时代性、原则性和战斗性。

2. 抓好党风廉政建设。切实履行主体责任，从严落实干部“一岗双责”，认真做好巡察整改等各项工作，助推支部工作创新发展。注重运用好监督执纪四种形态，始终把纪律规矩挺在前面，及时开展谈心谈话，做到早发现、早提醒。

三、乡村治理

布金村坚持党建引领基层治理，积极践行“党建+网格化管理”治理模式，建强党在基层的“神经末梢”，做到“小事不出村、矛盾不上交”。

布金村党群服务中心

（一）人居环境整治

2020年以来，布金村开始实施垃圾“摇铃收集”。村民们扔垃圾的方式由以前的“定点堆放”变成早晚两次“定时投放”。同时设置垃圾分类驿站，实现垃圾分类。以“最少资金

布金村垃圾分类驿站

提升最大颜值”，党员带头示范，动员群众共同参与、引导群众以搞好家庭户内卫生为荣，竞争“最美庭院”，组织村民开展河道清淤和卫生整治，实现群众“从观众到演员、从旁观者到参与者”的转变，引导广大群众共同缔造美好生活，真正将家园建成留得住乡愁、看得见青山的美丽宜居乡村。

（二）文化建设

依托布金村党群服务中心为主体，打造新时代文明实践站，利用相关功能室设置和美讲堂、村民议事厅、理论宣讲平台、百姓文化舞台、电子阅览室、便民活动室、农家书屋、法治广场等活动阵地，形成固定的活动场所，配套完善活动设施，突出文明实践功能，实现“一个场所，一个主题，多种使用”。

布金村新时代文明实践站设立村新时代文明实践志愿服务队，实践站主任、志愿服务队队长由村党总支书记同志兼任，实践站副主任由村党总支部副书记担任。成员由村“两委”干部、村民小组长、村民代表抽调，村新时代文明实践志愿服务队下设6支志愿服务分队。通过开展政策宣讲、走访慰问、绿美植树、环境卫生整治等丰富多样的志愿服务活动，帮助村民群众逐步提升思想觉悟、道德水准和文明素养。动员和激励广大村民群众参与新时代文明实践活动，成为弘扬新风正气、推进移风易俗、培育文明乡风、良好家风、淳朴民风、焕发文明新气象行动的一员，积极投身社会主义现代化建设。

新时代文明实践志愿服务队

（三）推动政策落实落地

两不愁：目前村内村民已实现吃穿不愁。可自主购买换季衣服，购买禽蛋等食品。

义务教育：本村已脱贫户义务教育阶段适龄儿童无因贫困而辍学的现象。各学龄儿童均享受到教育资助政策。

基本医疗：符合参保条件的脱贫人口、农村低收入人口和监测对象基本医疗保险参保率达100%，村级卫生室和乡村医生全覆盖。

住房安全：脱贫户都已进行过危房改造，村内现无住人危房。

饮水安全：本村各户村民无须到户外取水。

通网络：移动网络、电信网络等已覆盖。

通客车：布金村已发展通村客运，方便群众安全便捷出行，助力乡村振兴，服务经济发展。

四、产业发展

近年来，布金村注重党组织建设，坚持发挥党建引领作用，团结带领广大干部群众，坚持“绿水青山就是金山银山”的生态发展理念，重点围绕“布金香米”和阳光玫瑰葡萄两大产业，谋划特色农业产业发展。坚持规划先行，每年新年伊始，村党组织便召开专题会议，研究新的一年村内土地如何经营发展。

（一）布金香米

为确保本村粮食安全，保证村民把饭碗牢牢端在自己手上，村集体通过土地统筹，由村供销公司采取农业生产托管和鼓励群众耕作相结合的方式，保证土地不丢荒。并推出“五统一”措

布金香米

施，即：统一机械打田、统一购置发放谷种和肥料、统一时间插秧、统一购买粮食种植保险、统一机械收割。并统筹解决农田灌溉用水问题，做好病虫害防治和田间管理跟踪服务，大力鼓励广大群众进行粮食种植生产，确保种植效率和质量。还通过与陆河农商银行合作签订贷款“整村授信”，为部分生活困难的种粮农户提供购置农业生产资料的周转资金。目前该村早晚两造水稻种植面积达900多亩，年产量达90万斤，粮食产量稳步增长。

水稻收成后，在保证农户自留的家庭口粮前提下，由村供销公司以不低于市场价格，向农户兜底收购富余的稻谷，实现种粮农户增收，激发农民种粮积极性。村供销公司对收购的稻谷经过进一步的加工、包装后，打造独具特色的“布金香米”品牌。借助供销系统的销售优势，通过“陆供优品”线上网络销售、线下门店经营等方式，使“布金香米”顺利打入市场，实现村集体经济增收。

（二）阳光玫瑰葡萄

水稻种植属于布金村的传统产业，保证了村民最基本的生活口粮和家庭收入。但是，想要实现生活富裕，就必须有自己的特色产业。

2019年以来，布金村通过良性流转整合140户农户的土地，引进汕尾市兴陆园农业生态科技有限公司，投资1000多万元，以“土地入股+农户就业+效益分红”的模式引进葡萄产业的高科技品种阳光玫瑰葡萄，扎实做好特色农产品“文章”，集体经济和村民收入实现“双增收”。村集体获得土地流转收益和项目分红约30万元。同时，葡萄园可为村里的生活困难户和部分家庭剩余劳动力提供固定就业岗位25个，分散就业岗位50至100个，优先解决生活困难户就业的同时，吸纳本村部分剩余劳动力就业。

葡萄大棚

葡萄

五、基础设施建设

（一）整合资源，大力推进基础设施建设

2021年，布金村整合集体闲置土地2500平方米，新建布金村农业服务中心，将“荒地”变“平台”，打造成为游客接待中心、村民服务中心、村集体经济发展中心、农产品推介销售中心的“四个中心”。注册成立了全省首家村级供销有限公司。2023年，布金村充分发掘现有资源，成功打造占地1.3万平方米绿美村口小公园，让“每一个转角”都更有温度，让“每一个群众”都更有笑容。

四好公路

（二）完善设施，以点带面

2022年以来，布金村完成了埔上寨、山口村、后福村三个自然村村内柏油路铺设。完成金星村小广场、自然村污水管道及污水管道污水收集池建设、自来水厂升级改造项目及自来水管道铺

山口自然村村口凉亭

设项目，全村生活污水集中收集和处理达90%。推进“厕所革命”，根据村情实际，完成山口广场公共厕所、村口旅游公厕建设，无害化卫生户厕普及率达到100%，实行公厕日常保洁机制。完成后福村小广场和景观长廊建设、山口村中心岗道路和村口凉亭建设、金星村湖口坝机耕道路和农田灌溉水渠建设。推进美化亮化工程，房屋景观瓦外立面改造近400栋。2024年，为进一步提高农业生产效率，改善农田灌溉和排水条件，布金村根据收集到的问题数据，完善马公寨沥等水利基础设施，提高农田的保水能力和排水能力，减少农民的劳动强度和时间成本。

六、未来发展规划

加强党的二十大精神融会贯通，紧紧围绕乡村振兴战略，坚持以高质量党建推动高质量发展，以高质量发展助力高标准建设，全力发展“阳光玫瑰葡萄”“布金香米”等精品农业。

继续以“五统一”政策激发村民种粮积极性，多措并举推进粮食生产工作。加快推进“布金1号”“布金香米”等特色品牌培育创建，推动产业高质量发展。

持续推进“百千万工程”和绿美生态建设，聚力乡村建设、聚焦乡村治理，走好走实“农旅结合，以农促旅”富民兴村之路，推动典型村建设提质增效。

河口镇田墩村

做大油柑产业，促进全面振兴

一、田墩村简介

田墩村总面积10平方公里，下辖8个自然村，共3500多人，距离县城12公里、镇区9公里，森林覆盖率达90%，2019年被国家林业和草原局评选为“国家森林乡村”，2023年被选为“百千万工程”典型村。田墩村锚定高质量发展首要任务，把“百县千镇万村高质量发展工程”作为“头号工程”，大力培育特色油柑产业，走好“三产融合”促乡村产业振兴发展道路，纵深推进产业

田墩村美丽乡村

发展、环境整治、乡村治理等工作，推动一产与农产品加工、旅游文化等产业深度融合，使产业发展不断提质增效、群众收入得到稳步增加、乡村“颜值”得到明显提升、社会环境保持和谐稳定。田墩村获得过多项荣誉，其中包括国家级森林乡村、全国第十一批“一村一品”示范村镇、省级“一村一品、一镇一业”专业村、广东省农业标准化示范区、广东省卫生村、汕尾市先进基层党组织、汕尾市文明村等；全村培育规模以上示范合作社8个，龙头企业1个，其中国家级示范合作社1个，省级示范合作社2个，田墩村也是陆河县省级（油柑）现代农业产业园主产区。田墩村成立供销有限公司。供销公司整合村经济合作社以及县、镇、村特色农产品，通过电商直播推广和线下宣传等方式进行运营。目前，田墩村供销社场地改建和引入部分商品已投入38万元，与当地一夫田、国泰青梅产业发展有限公司、华亿食品科技有限公司等多家公司达成初步合作，实现初步运营。

二、做强一产，为农业高质量发展“固基”

（一）标准化生产

田墩村立足本地自然条件和资源优势，因地制宜发展特色产业，做大做强田墩油柑产业。田墩村油柑种植面积高达6000多亩，另外还不断推动油柑标准化果园提升，产业园内建设油柑标准化示范基地，示范推广油柑优品种、先进栽培技术、修剪技术、嫁接技术、病虫害防控技术、肥水管理技术、反季节催花保果技术等等，不断进行技术改良和提升，依托产业园优势新建2000亩以上标准化种植基地。

（二）品种培优

田墩村通过邀请中国科学院、华南农科院、省农科院等专家学者为油柑提供技术指导品种改良，培育油柑1号、油柑2号及红油柑品种，让本土油柑实现从果小味苦到果大味甘的华丽变身，亩产从原来2000斤提升到6000斤。凭借“口感甜、颗粒大、产量高”的优势成功占领市场，受到商家们的广泛欢迎。改良后的优质油柑清甜，回甘感足，售往粤东乃至广东多地，市场价格最高达每斤50元，百年老树价格更是高达每斤200元，年总产值6000多万元，“田墩油柑”已成为河口的一张闪亮名片。

（三）利益联结机制

田墩村培植产业基础、注入发展要素、促进产业升级、拓宽增收门路，通过引导农民流转土地和帮扶资金入股，坚持“联农带农”融合发展，参与合作社、家庭农场和龙头企业建设，走小农户、大基地，小规模、大群体的发展路子，形成了“合作社+基地+农户”的新业态，建立起长效的利益联结机制，助推农村产业融合发展增值收益，有效带动田墩村农户增收致富。通过龙头引领实现利益联结长效化，由国家级示范合作社陆河县日耀农夫油柑种植专业合作社为实施主体，免费为农户提供新品种和种植技术服务，产品由合作社统一收购、加工、销售。目前全村已种植油柑6000余亩，现有挂果2430亩，参与种植农户242户，促进村民实现增收。

三、做强二产，为农业高质量发展“提质”

（一）建设省级油柑现代农业产业园

油柑已成为陆河县具有竞争优势和鲜明地方特色的农产品，成为田墩村农民增收和新农村建设的主导产业。陆河县2022年获批建设广东省省级油柑现代农业产业园，依托油柑省级产业园的成功创建，力争把产业园打造成为全省油柑产业结构调整与转型升级先导示范区、全国现代油柑供应生产基地、粤东油柑科创与成果转化高地。

（二）加工仓储流通销售

油柑现制饮料是近年来在各大城市流行起来的“网红饮料”，目前推出了油柑现制茶产品的奶茶连锁店有奈雪、喜茶、乐乐茶、东鹏、Coco、星探、找茶友、hun果汁、星满杯、野翠山等。油柑产品除鲜销以外，还开发了油柑鲜果、油柑原汁、油柑饮料、油柑蜜饯、油柑果脯、油柑果酒、油柑冻干片、油柑（余柑子、滇橄榄）含片、喉片、安摩乐余柑子保健液、余柑子粉合剂、安摩乐胶囊、余柑子美白护肤品、余柑子提取物等。通过龙头企业带动以及高等科研机构等的技术支撑下，产业园内已形成了完善的产品示范加工生产线，配备了完善的油柑饮料加工生产的自动化设备，60平方米的油柑冻干设备、超低温粉碎机、2个油柑原料烘干房等等。当前，已建设油柑冻干粉、油柑糖果、油柑茶、普通油柑酒等生产线，还建立了完善的油柑饮料加工生产的质量管理程序，将油柑饮料原料标准化生产，并将油柑饮料原料销往各大销售渠道。

（三）技术研发应用

目前，为致力打造油柑标准化果园，改造低产低品质果园，田墩村联合华南农业大学进行油柑品种改良和新产品研发，布局建设油柑种质资源保护库，确保田墩油柑的生产和研发质量稳定提高。

油柑特写

四、做强三产，为农业高质量发展“增效”

（一）以农促旅、以旅兴农

作为油柑产业核心区，田墩村连续举办八届“油柑节”，把乡村产业与文旅深度融合，推进“以农促旅、以旅强农”一体发展，以双驱动模式持续打造乡村旅游新“网红点”的战略发展模式，同时依托省级油柑现代化产业园建设契机，打造了多个油柑主题森林公园，初步形成一二三产业融合发展。以河口镇田墩村油柑公园为基础，结合各新型农业经营主体的油柑种植基地、科普农旅观光与体验展示点，建设油柑产业融合发展带，打造陆河油柑名片，传承本地特色农耕与饮食文化，强化农旅品牌拉动与优势产业支撑作用，探索打造现代化、新型城镇化、美丽乡村与生态旅游景区协同建设的新路子，形成产、镇、村、景协同创新推进格局。

（二）积极搭建企业运作平台，提高油柑曝光率

1. 擦亮“金名片”。通过举办油柑节、农民丰收节等盛大活动，联合深圳扶贫工作队制作纪录片，参加省市级博览会、展销会等，带动销售额飞跃式增长。

2. 搭建电商平台，做活农产品直播带货。田墩村积极探索“党建+电商”的新发展模式，通过网络平台，运用线上、线下等多渠道经营售卖陆河县农副产品，做大做强村供销公司，将农产品通过互联网平台卖出去，“线上+线下”助销油柑汁等特色农产品，推动企业利用网络平台开展直播带货等活动助力农业增效、农民增收。

（三）凝聚乡村振兴多重合力

在河口镇政府的帮助下，田墩村积极推进乡村振兴特色村创建工作，实施乡村振兴示范带西湖至田墩村段人居环境整治提升工程。坚持将乡村特色融入村容村貌中，依托田墩村特色资源油柑，建设多个油柑主题森林公园；利用田墩村现有航空运动基地，设置热气球、滑翔伞等空中运动场等，打造运动田园综合体；对村庄农房外立面风貌进行提升，积极融入岭南特色、客家风俗元素，实现宜居农房“添颜值”，示范带激活绿水青山“新引擎”，田墩村绘就美丽乡村“新画卷”。

五、下一步计划

围绕油柑产业，按照全产业链发展思路，突出问题导向，强基础、抓重点、补短板。

（一）加快油柑种质资源圃的建设，为种业发展夯实基础

依托油柑省级现代农业产业园建设打造油柑“一园（母本园）两圃（脱毒采穗圃、苗木扩繁圃）”的三级良种苗木繁育体系，着力建设油柑种质资源创新基地，收集全球油柑种质资源，在河口镇进行活体栽培、品种保护、新品种研发、种质资源创新利用等，为陆河油柑乃至全国良种

苗木繁育体系提供坚实支撑。

（二）延伸油柑加工产业链条

推动油柑加工业向精深加工、高附加值方向探索，以加工带动产业高质量发展。打造油柑白兰地、油柑果脯、油柑果酱、油柑茶、油柑菜、油柑饮料、油柑日用品等系列产品。

（三）升级优化油柑果园管理模式

引入省力化、智能化设施设备，降低果园养护和摘果劳动强度，总结先进模式并示范推广。

（四）开展油柑品牌建设

加强油柑产品品牌、地理标志产品、区域公共品牌等建设，采用多种方式加强河口油柑宣传推介，不断提高“河口油柑”的知名度和美誉度。

河口镇北中村

农旅融合富民增收

一、基本情况

河口镇北中村以入选省“百千万工程”典型村为契机，紧扣沉香特色，走出了一条“红色资源+绿色生态”双擎驱动发展的乡村振兴道路，助推“百千万工程”结出丰硕成果。2023年奇楠沉香民宿被评为省级休闲农业与乡村旅游示范点，北中村沉香产业年总产值突破4500万元大关，实现从低质低效林到生态效益与经济效益双赢的成功转变。北中村位于河口镇北溪片中部，距离镇区约6公里，辖区面积10.8平方公里，下辖21个自然村，全村共722户4800多人。北中村是省定红

红色欢乐谷

色村，有着深厚的红色底蕴，全村共有7处省级革命遗址，于2019年被省委组织部列入“红色村”党建示范工程。近年来，北中贯彻落实上级有关工作部署要求，始终坚持党建引领，壮大发展村级集体经济，因地制宜以红色研学基地、农耕体验基地、沉香产业基地为抓手，着力打造红色、研学、农耕、康养、旅游、观光为一体的生态康养休闲体验圈。

二、主要做法及成效

（一）党建引领，助力振兴

北中村积极探索“红色资源+绿色生态”发展模式，在传承红色基因的同时，精耕绿色生态经济，走出一条“红+绿”融合发展的乡村振兴道路。一方面，坚持以党建为引领，注重以骨干精英配强配齐“两委”班子，建好振兴发展“火车头”，以开展“红色村”党建示范工程为契机，带动村民以土地入股形式将村内25亩集体用地交由股份公司运营，挖掘红色文化资源育人内涵，将红色资源利用好、红色传统发扬好、红色基因传承好，打造红色教育基地，村及其党总支在建党百年之际获评“广东省文化和旅游特色村”“市级先进基层党组织”荣誉。另一方面重点突出“红色党建+产业+农户”的发展模式，采取支部引领、党员带头等举措，因地制宜打造“一村一品”沉香特色产业。其中，宜笏村小组成立汕尾宜笏股份公司，设立股份公司党支部，引领公司种植沉香1100余亩、35户村民资源入股分红，走出了一条红色引擎驱动绿色发展的道路。

（二）绿美经济，变富变美

沉香素来有“天下第一香”的称号，沉香的香韵清雅，具有促进改善人体内脏功能及循环功能。北中宜笏村种植沉香树已有300多年历史，北中村紧盯资源优势转化效益，一方面，通过引入社会资本1.62亿元发展沉香产业，带动农户主动退桉种沉香约1000亩，北中沉香种植规模从2017年的1700亩扩展到如今的3000亩。另一方面，以科技创新赋能产业发展，借助中国热带农业科学院等专业技术力量，在医药、食品、日化用品等领域开发沉香衍生产品沉香酒、沉香茶、沉香精油等10余种，实现产业突破。同时，注册商标“弗语社”，借助沉香文化节、淘宝、深圳平湖农贸市场等平台力量推广北中沉香，打破信息壁垒，破解销售难题，推动产品“产、供、销”一体化协同发展，沉香产业年总产值突破5000万元大关，实现从低质低效林到生态效益与经济效益双赢的成功转变。

（三）联农带农，富民增收

北中村在河口镇党委、政府的领导下积极构建多主体参与、多要素集聚、多利益联结、多模式创新性发展格局，扶持本土致富带头人、种养大户，以资金、技术、资源入股合作经营等多形式发展沉香产业，通过“政府+企业+农户”“合作社+基地+农户”等发展模式，投入143万元重点支持沉香产业，采取免费为农户提供新品种、提供技术培训指导等形式联农带农，引进广东香美农业科技有限公司等优质沉香企业入驻，撬动8个农民专业合作社吸纳扶持产业入股资金3000万元，辐射带动全镇沉香种植规模达6000亩。其中，北中村通过“保底收益+按股分红”“订单收购+价格保护+分红”利益联结机制，与公司签订种植合作协议，实现以4元/斤向种植户收购沉香树叶，带动北中村及周边农户共同参与种植、生产、经营、加工，实现绿色产业发展与“富民兴村”同频共振。

沉香茶

（四）完善基础，提升风貌

北中村坚持以村为责任主体，不断完善农村基础设施短板，对道路建设、河流整治、污水收集等进行全面提升，重点打造沿河景观带、各景观节点，全面提升村庄面貌。

1. **聚焦四好农村路建设、农村公路道路拓宽升级。**完善村道路面硬化累计58.8公里。

2. **稳步推进水利工程建设。**结合河口镇北溪河生态清洁小流域治理工程建设，完成约3公里河道水土流失综合治理、生态修复、清淤疏浚等工作，推动水生态环境得到明显改善。

3. **大力实施农村生活污水收集管网和农村集中供水管网建设工程。**有效解决村内水压低、水量不够问题和生活污水产生的“黑、脏、臭”现象。

（五）文旅融合，赋能振兴

北中村坚持文旅融合发展，立足北中村厚重的红色底蕴、特色的民俗传统、丰富的自然资源，挖掘白马站、烽火台、古驿道等资源优势和周边村民沉香种植特色，确定红色文旅、红色研学的发展定位。探索成立汕尾市宜笏发展股份有限公司，鼓励村民以土地入股形式将约200亩村内集体用地交由股份公司运营，投资近5000万元打造以红色教育、实践体验为主题的红色欢乐谷，同时与深圳市邦德教育集团、东莞小雅集团、惠州诺贝林集团等达成合作协议，于2020年获评省中小学生研学实践教育基地，2021年以来，基地接待研学学生超1.9万名，带动当地消费超240万元，促进农民增收。

三、壮大发展村级集体经济

北中村2022年村集体经济收入总数约为57.22万元，主要来源是入股螺溪谷、入股工业园区、入股香美公司和自然村土地出租等，全面激活河口镇红色产业的蓬勃发展。2023年，北中村积极寻求集体经济发展新突破，新增多个项目撬动总收入攀上92万元阶梯，突破新高。

（一）北中村坚持“以资源换市场、以存量换增量”的原则，盘活自然村内闲置的存量资产

2023年将红色欢乐谷场所通过公开招标的方式交由广东省景田文化旅游投资管理有限公司进行运营管理，村集体年收入8万元，引入社会资本力量助力产业发展，增加村民收入。

（二）签订协议

签订林业碳普惠协议，出租减排量3969吨，收益252468元，开创了生态价值转化经济价值的突破，开启碳汇助力乡村振兴新篇章。

四、下一步工作计划

（一）深入推进“明珠一号”行动

围绕绿美生态建设、辖区风貌提升、人居环境整治三项重点任务，发挥干部带头、群众参与、乡贤助力作用，加大村庄绿化美化建设，以头号工程推进“明珠一号”攻坚行动落地见效。

（二）做大做强沉香特色产业

充分利用北中沉香资源优势和土地资源优势，依托广东香美农业科技有限公司、正泰安能数字能源（浙江）股份有限公司等企业，大力延伸沉香产业链条，实现沉香产业多层次、多环节转化增值，促进产业提质增效、农民就业增收、农村生活富裕。

（三）加快特色文旅品牌创建

依托红色文化资源，联合广东省景田文化旅游投资管理有限公司进一步推动研学教育基地打造，丰富旅游体验，全力推动文旅产业发展，为游客提供一体化旅游服务及弘扬革命传统和爱国主义精神的“红色欢乐谷”。坚持优化产业生态，优化扩建配套休闲旅游设施，着力建设红色文旅民宿，提升景区质量，谋划打造红色欢乐谷AAAA景区。

新田镇陂坑村

打造陂坑村省级蜜蜂特色产业小镇

一、陂坑村基本情况

（一）陂坑村简介

陂坑村位于新田镇西北边，下辖陂坑、高排、珠湖、楼背、寨仔、坪径等6个自然村，现有村民168户1165人。全村耕地面积仅400多亩，山地面积6000多亩，散种有菠萝、青梅、香蕉、柑橘、火龙果等亚热带水果，是一个“山多、地少、偏远”村。陂坑村所在的新田镇是著名的老苏区，是国内革命战争时期海陆丰农民运动的红色沃土和八一南昌起义红二师的革命根据地，老一辈无产阶级革命家周恩来、徐向前、古大存等同志曾在此开展过革命工作，有着辉煌的革命斗争史。在这样一片革命热土，陂坑人民将甘于奉献、勇于奋斗的精神镌刻心底。

陂坑村具有良好的生态环境，适于饲养中蜂，陂坑村大力发展蜜蜂产业，助力乡村振兴。截至2023年底，养蜂产业累计增加陂坑村村集体收益79800元。其中，集祥蜂业作为先进典型，在养蜂产业方面有非常坚实的基础，在政府部门有力的政策引领下，持续有效助推乡村振兴不断发展。

（二）养蜂业历史悠久

新田镇北部激石溪、湖坑、陂坑等山区村落农户家家都有养蜂习惯，群众发展养蜂热情高，并有一定的传统养蜂经验，农民对活框养蜂、过箱、防病治病等技术已基本掌握，新田发展中蜂养殖有着深厚的群众基础。同时，新田镇蜜源植物丰富，达到160多种，其中主要蜜源植物5种（鸭脚木、乌桕、毛枠、荔枝、龙眼），新田镇养殖中蜂有3.2万余群，年产蜂蜜800余吨。蜂业是生态农业和设施农业的重要组成部分，被誉为“健康产业”“空中农业”，既不与养殖业争饲料，又不与种植业争水土，仅利用自然界中的百花资源，便可获得蜂产品。这些产品既是良好的保健医疗食品，还是重要的工业原料。蜂业具有投资少、见效快、回报率高等特点，对维护生态平衡、保障人类健康、促进农业增产和农民增收等方面，对陂坑村都具有重大意义。

集祥蜂业养殖场

（三）村集体经济收入情况

1. 2023年村级集体经济收入为17.61405万元。具体构成包括：

（1）陂坑村2010年8月入股新田镇上佰公水电站30万元，每年分红3万元；

（2）陂坑村壮大村集体经济分两次投入集祥蜂业70万元，每年收入约5.8万元；

（3）广东林业碳汇碳普惠项目收入8.73365万元；

（4）生态林补偿（一般区域+特殊区域）0.0804万元。

2. 2024年集体经济收入为17.6617万元。具体构成包括：

（1）入股新田镇上佰公水电站分红3万元；

（2）入股集祥蜂业分红5.88万元；

（3）广东林业碳汇碳普惠项目收入约8.7万元；

（4）生态林收入0.0817万元。

二、政策引领蜜蜂产业发展，带动村民致富

（一）政策资金扶持，壮大村集体经济

陂坑村以党建为引领，大力发展蜜蜂养殖产业，完成基础设施。村道路沥青化1.5公里，道路亮化、美化，人居环境整治等，为产业向上发展，奠定良好基础。2022年6月，县委组织部支持陂坑党建引领发展集体经济资金20万元用于发展集祥蜂业；2020年11月，上级扶持壮大陂坑村集体经济资金30万元；2021年5月，上级扶持壮大陂坑村集体经济资金15万元；2022年6月，上级扶持壮大陂坑村集体经济资金5万元；2022年6月，总计投资50万元入股汕尾市集祥农业开发有限公司（蜂蜜加工）项目，合同起止时间从2020年11月16日至2030年11月15日。分红采用固定分红形式，以陂坑村入股金额的8.4%按年支付给陂坑村。截至2023年11月，该项目累计带来村集体收益79800元。

（二）集祥蜂业发展助推新田镇蜜蜂事业

1. 合作社成立，脱贫致富显成效。为带领新田镇蜂农们脱贫致富，间接维护生态保护地球，陆河县集祥蜂业专业合作社于2012年3月注册成立，为“中国养蜂学会团体会员单位”“广东省养蜂学会理事单位”，社长兼法人丘志辉，合作社设有47户社员，共13000余群中华蜜蜂，年产土蜂蜜120吨至200吨。旗下蜂场为“国家蜂产品安全及标准化生产基地”“国家蜂产业技术体系试验蜂场”“广东省养蜂学会标准化示范蜂场”，蜂场主要采集天然优质的荔枝花蜜、龙眼花蜜、山乌柏蜜、鸭脚木蜜、野桂花蜜、枇杷蜜等，并出售健康强壮的中蜂蜂群。蜜蜂的采蜜活动也帮

集祥示范蜂场

集祥蜂业负责人

助农作物、特产经济作物和其他作物授粉，使果树和农作物产量提高20%—30%，从而促进农作物、特产经济作物和其他植物产量的提高。

2. 新旧蜂农共进，规模逐步扩大。合作社与社员们10年来的携手共进，让合作社既有丰富经验的老蜂农，又有创新开拓精神的年轻人加入，合作社内成员都持有“蜂产品质量安全与标准化生产培训证书”这一专业的养蜂证。在集祥蜂业的领头下，新田镇蜂农们孜孜不倦，使得新田镇养蜂规模从千余箱发展到上万箱，养殖户从十几个小户发展到近七十户，养殖户户均年增收5万余元。集祥蜂业还在新田镇党委和深圳帮扶工作队的大力支持下，与深圳东部公交公司签署72.48万元的购销合同，大力促进新田镇经济发展。

三、养蜂产业形成，蜜蜂小镇落地

（一）养蜂产业已成规模

全镇有700余户农户从事中蜂养殖，养殖规模30箱左右的有60余户、100箱以上的有50余户。已有养蜂协会1家、规模养蜂专业合作社7家，养殖中蜂32000箱，其中：养殖规模在500箱以上，管理规范、有自有品牌、有销售渠道的专业合作社4家。

（二）养蜂带来经济和社会效益

目前，新田镇建设蜜蜂加工厂1间，发明并向市场推广了方便装蜜蜂水，实现蜂蜜年销售收入3750万元，养殖户户均增收5万余元。其中，100多户贫困户养殖中蜂4000箱，年产蜂蜜60吨以上，户均增收2万元，使不少脱贫农户养蜂致富。

集祥蜂业蓬勃发展，鼓舞了新田镇所有养蜂人的信心，推动了新田镇养蜂产业发展，让乡村振兴、产业振兴。结合乡村振兴战略，依托新田镇的嘉华五星级温泉酒店、湖坑激石溪红色革命根据地、陆河抽水蓄能电站等省、市重点项目，确立“以旅游为导向”的产业发展思路，围绕蜜蜂技术先进IP化的主题旅游，融合一二三产业，发展集“种蜂繁育、蜜源种植、饲养联合、科研孵化、内外贸易、观光体验”六位一体的全产业链，高标准打造新田本土“甜蜜产业链”“甜蜜示范带”，让“甜蜜小镇”成为新田镇一张闪亮的名片。

四、补齐发展短板，助推乡村振兴

（一）加强科技推广交流和技术培训力度

新田镇蜜蜂产业发展虽然历史悠久，基础良好，但是在技术上仍有落后。邀请国内专家到新田镇养蜂合作社开展学术交流活动。采取多种方式积极开展养蜂技术培训，加强对广大蜂农的技术与职业技能培训，提高养蜂技术人员和养蜂农户的素质，提高其饲养、生产、加工、销售的技术水平，造就一批既懂得养蜂技术，又懂得经济管理的新世纪养蜂业人才，推动新田镇养蜂业的发展，促进农民增收。近年来，共积极组织专家到陆河县和新田镇开展养蜂技术培训累计达5000余人次。

（二）加快产业市场化建设

鼓励成立养蜂专业协会和合作社参与经营流通，以养蜂专业协会和合作社为依托，整合各种资源，集合各种要素，对各养蜂户、蜂产品加工营销企业进行行业管理，支持鼓励社会团体和企业通过各种方式，外销、推销蜂产品。推动县人民政府出台《陆河县农业产业帮扶“以奖代补”实施办法》（陆河府办〔2022〕21号），将蜜蜂品牌推广、拓展销路、产品认证等列入补助事项。通过对口帮扶资源，协调深圳标准促进会在“圳品”目录清单上增加了蜂蜜农产品，专门制定了相关标准及评价文件，为蜂蜜产业发展起到了积极的推动作用。

（三）挖掘红色资源，发展“蜂旅”产业

由深圳市委政法委牵头，联合深圳市医疗保障局、深圳市东部公共交通有限公司等单位组成的驻新田镇帮镇扶村工作队（下称“驻新田镇工作队”）进驻后，迅速牵好产业振兴这个“牛鼻子”。鼓励当地农户、农企积极发展，助推大中小企业、合作社形成合力，充分挖掘新田的红色文化和绿色生态资源，推动文化和智慧旅游发展，实现新田镇产业大跨越。以“蜂旅”促文旅，带动经济增收，形成文化内核，实现文农旅大融合，擦亮新田镇“蜜蜂小镇”名片。

蜂蜜近景图

五、瞄准养蜂特色发展目标，走好乡村振兴发展道路

2024年，规模蜂场（大于50群）达到100家，从业蜂农达到800户，中蜂养殖量达到3.5万群，实现蜂产业经济总产值达到680万元；中蜂产品质量安全明显提升，把中蜂养殖建成新田的重点特色产业，把新田镇建成广东重要的中蜂产业基地、繁育基地、中蜂保种场和全国中蜂核心养殖地。陂坑村将继续在上级党委、政府的正确领导下，充分挖掘、保护和利用绿色原生态资源，以集祥蜂业合作社为依托，引导村民大力发展养蜂产业，向绿水青山要金山银山，引导当地村民奔富裕生活，齐心协力共创美好家园。

新田镇联安村

多措并举，奋进乡村振兴

一、联安村基本情况

（一）联安村简介

联安村位于陆河县新田镇东南端，处螺河与新田河交汇处，与陆丰大安、西南二镇相邻，辖4个村民小组，分别是渡仔头、牛牯头、咸宜、西坑村民小组。居住497户3026人，其中常住人口约1800人。目前全村共有党员78人；60岁以上党员24人，35—60岁党员32人，35岁以下党员22人，党支部书记、村委会主任为"一肩挑"模式。联安村获得过多项荣誉，其中包括国家级运动休闲特色小镇、广东省乡村治理示范村、汕尾市先进基层党组织、广东省卫生村等。

以前，联安村是陆河县20个省定贫困村之一，也是全国第一批96个体育小镇中唯一一个省定贫困村。联安村基础设施极为落后，村民生产生活水平十分低下。经过反复论证，我们把创建国家级运动休闲特色小镇与精准扶贫、乡村振兴等工作紧密结合起来，切实做到以特色小镇建设推动精准扶贫和乡村振兴，以体育产业促经济发展。

（二）村集体经济收入情况

1. **2023年村级集体经济收入为20.577万元**。具体构成包括：

（1）火龙果种植：收入6.5万元；

（2）光伏发电：收入5.9万元；

（3）联合实施新田生态鸡养殖项目：收入7.5万元；

（4）生态林补贴收入：收入0.677万元。

2. **2024年集体经济收入为27.5286万元**。具体构成包括：

（1）出租山地：收入12.4646万元；

（2）生态林补贴：收入1.9229万元；

（3）火龙果种植：收入1.5万元；

（4）光伏发电：收入2.0411万元；

（5）联合实施新田生态鸡养殖项目：收入7.5万元；

（6）养猪场管理费：收入2.1万元。

（三）乡村治理

联安村以“三治”促共治，不断提升群众幸福感和获得感。

1. 发挥自治强基作用。坚持党建引领基层治理，村级重大事项决策严格落实“四议两公开”制度，在“善美村居”小程序公开财务情况，做到公开透明，引导群众积极参与自治。

2. 发挥法治维稳作用。建立“村干部+驻村辅警+网格员+党员志愿者”法治宣传队伍，强化法制宣传，入户化解矛盾，引导群众知法、懂法、用法，用法治思维解决问题。

3. 发挥德治教化作用。打造阵地，积极开展新时代文明实践活动，丰富群众文化生活。修订村规民约，成立村民议事会、道德评议会、红白理事会等德治组织，倡导文明家风，不断向实现家庭和睦、邻里和谐、乡村和美的乡村德治愿景迈进。

（四）基础设施情况

近年来，联安村在上级有关部门的大力支持下，不断加大生态文明村创建工作，村中的“脏、乱、差”的现象得到很大改善，自然村之间水泥路面已基本贯通，村民楼房建设整齐，全村整洁干净，群众的建设热情被充分调动起来，有力地推动了农村“三个文明”建设发展，逐步营造了一个舒适、文明、卫生、优美的生活环境。

联安村体育小镇

二、振兴发展举措

联安村充分对接镇域规划，以“强化党建引领、美化乡村环境、深挖资源禀赋”为抓手，着力构建“体育+产业+农旅”发展模式，全面推进乡村振兴，助力“百千万工程”高质量发展。

（一）聚焦党建引领强领航

联安村始终坚持强化党建引领，充分发挥基层党组织战斗堡垒作用和党员先锋模范作用，让乡村换新颜、添新彩。

1. 建强党建活动阵地。联安村党总支部聚焦把党的建设抓在村民小组一级，以改造、租赁、新建等方式建立4个村民小组党群服务站；在夯实硬件设施的基础上进一步做好“人”的文章，通过帮建、促建、助建、共建激活红色微细胞，切实发挥村民小组党支部战斗堡垒作用。

2. 发挥支部引领作用。严格落实“123”工作法，进一步加强联安村党总支部对下辖的4个村民小组的规范管理；扎实推进“336”工作法，构建“行政村+村民小组+党员中心户”责任体系，强化党组织的领导核心作用。

3. 党建引领“抱团发展”。结合兄弟村各自资源优势，以党建引领“抱团发展”壮大联安村集体经济，大力发展特色产业，不断打造“有思路、有产业、有收入”经济发展“示范村”，推动村集体经济发展驶入“快车道”。

（二）聚焦产业特色提品质

产业发展是乡村振兴的“活水源泉”，是巩固脱贫攻坚成果助推农民致富最长久、最稳定的命脉所在。新形势下，推进乡村振兴战略落到实处，要整合所有资源和力量，因地制宜，全力以赴推动产业发展，优化产业布局，拓展产业空间，从而实现农村产业兴旺，农民持续增收。在上级及驻村工作队的指导帮助下，联安村依托农业农村特色资源，不断致力于开发农业多种功能、

新田生态鸡养殖基地

挖掘乡村多元价值，引资金、兴业态、树品牌，奋力推动乡村产业振兴发展。

工作队帮扶生态鸡

1. 壮大产业帮扶路径。联安村依托驻镇帮镇扶村工作队帮扶力量，多次到明康汇生态农业集团有限公司、联新火龙果种植基地、陆河县农作物良种良法示范基地、深圳宝龙培训学校等做深入调研，围绕农家乐、火龙果基地、万科农牧科技种养公司、陆河元昇樱花生态园四大产业进行招商引资，用产业发展来促进村集体经济增收。

2. 大力发展养殖产业。联安村通过发展合作养殖模式，加快现代农业转型升级，激发乡村振兴新动能。建设陆河县环海母猪繁育示范基地，占地面积约248亩，投资金额1.2亿元，该项目以生态高效利用系统为核心，采取一整套先进的生产、生活、隔离、环保等技术模式，致力推动生猪养殖业向现代化、规模化、集约化、生态化的方向发展。目前，该项目已顺利完成建设并正常投产运营中，预计年出栏仔猪6万头、二元种猪3万头。建设新田生态鸡养殖基地，在深圳东部公交公司的大力支持下，充分发挥联安村土地资源优势、湖坑村帮扶单位销售渠道优势以及新田社区、新村村、横陇村资金扶持优势等，高效整合各村资源，投入60万元建设新田生态鸡养殖基地，构建“养殖—加工—销售”产业链，形成“政府主导+工作队推进+村（社区）实施+企业订单采购+村集体参股分红”发展模式。据统计，新田镇生态鸡养殖产业年收益可达50万元，助力3个村（社区）集体收入突破20万元。目前，已销售生态鸡两批近5000只，销售额达45万元。

（三）聚焦旅游观光树品牌

围绕联安村资源特色和品牌优势，重点打造紫花观赏、半马徒步等品牌节庆活动，坚持“走出去”和“请进来”相结合，扩大联安村旅游影响力。

1. 发展现代农业生态观光旅游业。为最大程度发挥陆河元昇樱花生态园价值效益，联安村探索发展新模式，在联安陆河元昇樱花生态园现有基础上进行升级改造，盘活土地资源，完善相关配套建设，大力培育具有特色的现代农业生态观光旅游业，打造集樱花、茶花、紫花观赏区和育苗基地与观光旅游为一体的新田绿美紫花产业园，擦亮旅游新招牌，发展壮大乡村旅游经济，带动群众脱贫致富。升级后的产业园项目租用土地约1200亩，引进专业人员若干名，建设周期为2年，预计年创税收600万元以上。

樱花园紫花盛开

2. 擦亮运动休闲特色小镇品牌。联安村于2017年8月9日被列入国家级第一批休闲特色小镇试点，成为全国首批选定的96个国家级运动休闲特色小镇示范性试点之一。近年来，联安村结合建设国家级运动休闲特色小镇（联安村为核心区）有利契机，确立了“体育+乡村旅游+产业共建”的联安发展模式，依托运动休闲跑道及标准化足球场等场地优势，成功举办了2017年的“优雅陆河·樱花之约”主题活动、“体彩杯”全民健身徒步活动、“祥盛杯”乡村半程马拉松赛等一系列大型全民体育健身活动，为当地发展乡村旅游起到强大带动作用，同时加大了特色农产品宣传和销

联安村足球场

售，既打响了乡村旅游品牌，又提高了当地村民的经济收入，持续擦亮了运动休闲特色小镇品牌，不断发挥出“体育+”的综合效益。

三、未来发展规划

联安村将奋力推动联安高质量发展实现新跨度。

（一）打造全镇绿美示范村

依托陆河元昇樱花生态园产业发展，打造全镇绿美示范村。

（二）乡村产业发展提质升级

发展依托基地种植的油柑、橄榄、苗圃等成年树木，升级打造林下生态鸡养殖基地产业，促进新田镇村（社区）集体经济增收的同时，积极带动当地脱贫户、防止返贫监测户等人群劳动就业、带动集体增收、群众致富。致力让乡村振兴的底色更亮、乡村发展的底盘更稳，为陆河县经济高质量发展贡献联安薄力。

（三）打造体育健康方向特色乡村

打造以体育健康为主题和特色，融合创意、研发、生产、活动策划及相关旅游的空间区域与发展平台。

水唇镇螺洞村

四大产业为抓手　促进乡村振兴

一、乡村发展概况

（一）资源条件

螺洞村位于陆河县水唇镇东南部，与揭阳普宁接壤，是榕江水系发源地之一，国家AAAA级旅游景区陆河世外梅园位于该村，辖区面积10.62平方公里，下辖3个自然村，全村总户数为328户，总人口1873人，常住人口约200人，村“两委”干部5名，党员32名（含预备党员1名）。村内拥有丰富的自然资源及人文优势，山、水、石、林等自然景观独特且丰富，区域内空气质量常年保持在I级以上，是很好的户外运动、摄影、写生、休闲娱乐基地。

近年来，螺洞村先后获得了第九批国家民主法治示范村（社区）、省民主法治示范村（社区）、全国乡村旅游重点村、全国文明村镇、中国美丽休闲乡村、中国蜜蜂特色村庄、省级文明村、省级卫生村、广东省休闲农业与乡村旅游示范点、广东省文化旅游融合发展示范点、广东省十佳最美果园、汕尾市十大休闲基地等众多荣誉称号，2021年还入选文旅部100个乡村旅游扶贫示范案例。同时，央视和省、市媒体等纷纷报道，还成功承办了央视《乡村大世界》《中国新歌声》第三季“醉美螺洞”等众多活动。

（二）发展历程

螺洞村位于汕尾市陆河县水唇镇东南部偏远山区，2015年前，螺洞村内自然资源优越，但因人烟稀少，地处偏远山区，教育、卫生、交通等资源发展严重不平衡，全村65%以上的人口外出务工、经商，留下老弱妇孺与青山绿水相伴，产业依赖青梅种植，因销路不畅无法实现增收，村集体收入依靠山租每年仅4500元，在城镇化进程中面临着被边缘化、空壳化的命运。

“穷则思，思则变”，近年来，在市、县、镇各级党委、政府的领导和各部门的精心指导下，以及社会各界共同关心支持下，全村人均可支配收入在2022年达到2.3万元，人民的生活水平得到显著提高，获得感、幸福感、安全感不断增强，螺洞村华丽转变，成为一个远近闻名的“网红村”，实现美丽乡村的蝶变。

螺洞美景

二、乡村振兴阶段重点工作

（一）推动组织建设振兴

坚持“抓党建就是抓发展，抓发展必须先抓党建，抓党建必须抓基层党建”原则，突出党建“龙头”作用，发挥好农村基层党组织领导核心和战斗堡垒作用，把维护广大农民根本利益、促进广大农民共同富裕作为出发点和落脚点，走好群众路线，充分尊重广大农民意愿，调动广大农民积极性、主动性、创造性，把广大农民对美好生活的向往化为推动乡村振兴的动力。

（二）推动生态产业振兴

扎实推进农村人居环境整治，推进农村“厕所革命”，完善“四好农村路”等农村生产生活设施；继续发挥绿色生态优势，重点探索实施田园综合体，培育新型农业经营主体，大力发展特色乡村旅游、现代生态农业、休闲观光农业等富民兴村产业，促进一二三产业融合发展，既要绿水青山也要金山银山；坚持做精做优的发展方向，着力打造特色优质农产品品牌，充分利用工业园区标准化厂房，通过优选原料、深层加工、精细包装、广泛宣传，积极探索“互联网+”发展模式，把青梅、螺洞蜜等产品推介出去，形成与乡村旅游相互支撑、相得益彰的良性循环。

（三）推动人才文化振兴

通过实实在在的增收渠道、发展成效吸引农民就业、大学生返乡创业，让愿意留在乡村、建设家乡的人留得安心，留得有盼头；充分体现农村特点，注意乡土味道，保留乡村风貌，留住青山绿水，记住乡愁；培育文明乡风、良好家风、淳朴民风，引导人民“仓廪实而知礼节，奔小康更念党恩”，提高乡村社会文明程度。

三、乡村振兴采取的主要措施

（一）激活乡村功能

螺洞村利用特有的资源禀赋，将美丽休闲乡村建设与发展特色乡村旅游相结合，一方面，按照“宜农则农”的原则，积极发展特色种植业、养殖业。另一方面，根据“宜游则游”的原则，积极打造特色旅游景区，推动农家乐、森林康养等产业快速发展，增强农村集体经济造血功能，促进三产融合发展，支持和鼓励村民就业创业，不断拓宽村民增收渠道。

（二）完善规划建设

螺洞村始终坚持把党支部作为美丽休闲乡村建设的前线指挥所和阵地战斗堡垒，让共产党员发挥先锋模范作用。

1. 开展“三清三拆”行动。全村党员作出表率，带头拆除自己的危旧房，并协助做好村民的思想工作，在短短3个月内就完成了全村的“三清三拆”工作，有效改善农村居民住房环境，提升乡村风貌，营造良好的乡风文明。

螺洞村落民居

2. 推进乡风文明建设。在村党支部的领导下，成立以党员为主体、群众自发参与的村级联防队、志愿者服务队等自治队伍，开展扫黑除恶宣传、禁毒宣传、森林防火、治安巡逻等联防工作。同时，倡导开展“红事一托蛋，白事一条帕”“好家风好家训”等系列活动，移风易俗，培育时代文明新风。

3．不断完善基础设施建设。螺洞村按照建设美丽宜居“新农村”的目标，推行村容村貌改造工程，完善村内基础设施，全村主干道实现了沥青化，分类垃圾桶合理布局，全村建设2个污水处理设施，生活污水得到有效治理。

（三）多元业态协同发展

1．以青梅产业打响乡土品牌。螺洞村全村种植青梅户200多户，拥有连片梅园，螺洞青梅皮薄、果大、肉厚、质脆细，含有人体所需的多种氨基酸。近年来，螺洞村利用自身青梅质量佳这个优势条件，在县农业局、青梅协会的指导下，致力发展青梅产品深加工，延长青梅加工产业链，鼓励研制青梅酒、青梅干等青梅产品，不断提高青梅产品附加值。同时，以梅为媒，通过举办亲子采摘体验活动、陆河第二届嘉年华趣味体验活动等，让大家亲近梅园感受乡村生活，进一步拓宽梅农青梅销售途径。

2．以蜜蜂产业推动富民强村。螺洞村作为水唇镇“一村一品、一镇一业”蜂蜜专业镇中的蜜蜂特色村庄，村内有梅花、荔枝、龙眼等优质花种可供蜜蜂采蜜，开发绿色蜂蜜系列产品，研制蜂蜜唇膏等蜂蜜衍生品，目前蜜蜂养殖产业已初具规模。同时，打造了蜜蜂文化主题公园和世外梅园蜂蜜加工厂，提升了螺洞村“世外梅园”景区的科普、文化内涵和延长了蜂蜜产业链，壮大螺洞村蜜蜂养殖产业。

3．以光伏产业增加“造血”功能。螺洞村在水唇镇党委、政府的领导下，统筹了农综改及扶贫集体经济发展项目资金400万元，用于发展光伏发电项目，同时利用光伏板下空地作为停车场，以提高场地利用率，有效提高了景区的接待能力。

4．以三产融合发展特色旅游。螺洞村不断探索“旅游+”发展模式，形成“旅游+青梅采摘体验”“旅游+传统长寿面线制作体验”“旅游+擂茶制作”“旅游+螺洞木偶传承”等多种新业

螺洞游客体验摘青梅

螺洞世外梅园—浣梅亭

态。螺洞景区的快速发展，也掀起了村民就业创业的热潮，村民纷纷创立农家乐和民宿，特产店、农副产品销售店发展良好，家庭主妇也当起农家乐的老板娘，老奶奶、老大爷在家门口开起了一间间土特产店，人民安居乐业、生活水平日益提高。

（四）创新运营机制

螺洞村立足当地丰富的梅园资源，创新成立汕尾市首家村级股份制公司——广东螺洞投资发展股份有限公司，推动“资源变成资产，资金变成股金，农民变成股民，产品变成商品”四变改革，以“四大产业”（青梅种植业、蜜蜂养殖业、光伏发电和乡村旅游业）为抓手，实现美丽资源向美丽经济转变，绿水青山与金山银山涅槃。

（五）辐射带动发展

1. 助推“三农”工作再上新台阶。螺洞村立足于挖掘优势资源、丰富经营业态、完善配套设施，群策群力、开拓创新，动员广大干部群众投入发展特色产业中去，经过干群不懈努力与奋斗，螺洞村产业发展基础更加夯实、乡村环境愈发美丽宜居、村集体经济进一步壮大，绘制出农业强、农村美、农民富的美丽休闲乡村画卷。

2. 吸引外出人员返乡创业。螺洞世外梅园景区的快速发展，迅速掀起乡村旅游热，不仅给当地居民带来可观的经济收入，也在不断丰富螺洞世外梅园的旅游文化底蕴，并激发了外出乡贤返乡创业的热潮。经过这些年的发展，螺洞村吸引了超过140名外出人员返乡创业。

四、乡村振兴取得的主要成果

（一）经济效应

据统计，2023年螺洞村全村青梅产量为200多万斤，单单原料就为农户带来200多万元的收入。

螺洞村的光伏发电项目每年能给螺洞村带来约20万元的集体经济收入，建立了长期稳定的村级产业。

2023年以来，共接待游客20万人次，通过农家乐、民宿、农产品土特产销售、体验项目等实现旅游总收入约150万元。

螺洞生态

（二）生态效应

1. 开展乡风文明建设，推动创建和美乡村。螺洞村严格落实农户、保洁员、村委、镇政府“四位一体”的环境卫生保洁管理工作责任制，农户做好门前“三包”，保持室内外环境卫生干净整洁，确保房前屋后无乱堆乱放现象；保洁员保持“机动”，及时清运垃圾，保障村庄生活垃圾有效治理；村委定期开展集中卫生整治，做到村前村后不留卫生死角，通过干部带动、群众参与的方式，营造了人人爱卫生、人人讲卫生的浓厚氛围。同时积极组织村民参加镇级“门前三包”“星级文明户”“最美庭院”等评比活动，通过亮牌奖励方式，扩大乡风文明推动力量，形成“先进带后进”的浓厚氛围。

2. 坚决推进“厕所革命”，大力改善人居环境。螺洞村全力推动厕所革命，持续提升农村卫生厕所普及率，全村拆除30间原始茅厕，填埋200多个露天粪地，修建景区游客公厕4座，改造农家乐、民宿、客栈标准化户厕14间，无害化厕所基本普及到每家每户，公厕也按照实际需求配置到位，彻底解决了厕所难找及脏乱差的问题。

螺洞旅游公厕

（三）社会效应

螺洞村既是景区的创立者，也是景区的受益者。景区内现有1间规范化游客接待中心、3个停车场、9间景区厕所，已开设溪心岛、天然游泳池、玻璃栈道、娃娃鱼生态基地、十里花溪、梅园小径、古树林、楹联长廊等旅游景点，村内已有1间人文客栈、12间农家乐、9间民宿，已建成全县最美乡村图书馆、螺洞木偶戏剧剧场、擂茶体验馆等文化体验场所，各项设施的日趋完善有效改善当地生活条件，带动当地群众稳定致富，逐步建成宜居宜业宜游的美丽乡村，实现乡村人居与生态环境的“靓变”。

五、乡村振兴成果代表性事迹材料

（一）乡村旅游产业

2015年11月，螺洞村村民和外出乡贤积极响应政府号召，成立了全市首家村级股份制公司，探索实施“三变”改革，引导和鼓励农户以土地、梅园、山林、现金等多种形式入股，并以8%的分红比例保障村民利益，最大程度上激发了当地村民共同参与旅游发展的积极性。2017年至今公司已给股民累计发放分红150多万元。经过这么多年的发展，螺洞世外梅园已是国家AAAA级旅游风景区，除了万亩梅园外，还挖掘和开发了十里花溪、玻璃栈道、古树林等10多处新旅游景点，各项旅游基础设施日趋完善。目前，景区内已有1间人文客栈、大小农家乐12家、民宿9间……仅

螺洞世外梅园景区

2019年螺洞梅花节期间，共接待游客25万人次，日均人流量上万人次，通过农家乐、民宿、农产品土特产销售、体验项目等实现旅游总收入350多万元，乡村旅游正带动农民一步步跨上奔康致富之路。

（二）青梅种植产业

螺洞村全村种植青梅户200多户，拥有上万亩梅园，青梅产量为200万斤，单纯青梅种植每年可以为农户带来200多万元的收入。螺洞的青梅皮薄、果大、肉厚、质脆细，含有大量人体所需的多种氨基酸，近年来，螺

螺洞青梅

洞村利用自身青梅质量佳这个优势条件，在县农业局、青梅协会的指导下，致力发展青梅产品深加工，延长青梅加工产业链，鼓励研制青梅酒、青梅干等青梅产品，不断提高青梅产品附加值。同时，以梅为媒，通过举办亲子采摘体验活动、陆河第二届嘉年华趣味体验活动等，让大家亲近梅园感受生活，进一步拓宽梅农青梅销售途径。

（三）蜜蜂产业

螺洞村是中国蜜蜂特色村庄，村内有梅花、荔枝、龙眼等优质花种可供蜜蜂采蜜。2018年5月，在省食品药品职业技术学院帮扶下，螺洞村成立了陆河县螺洞世外梅园养蜂专业合作社，引导全村13户贫困户将省财政专项扶贫资金入股合作社，开发绿色蜂蜜系列产品，帮扶带动贫困户实现脱贫奔康。据统计，2021—2023年螺洞世外梅园养蜂专业合作社养蜂均达到了近1500群，每年冬蜜的收成高达15000多斤，年创收入150多万元，同时积极研制蜂蜜唇膏等蜂蜜衍生品，蜜蜂养殖产业已初具规模。目前正在打造蜜蜂文化主题公园，提升螺洞村“世外梅园”景区的科普、文化内涵，更有利于水唇镇美丽乡村和生态文明建设。

（四）光伏产业

2018年，螺洞村为了促进村级集体经济收入，增加螺洞“造血”功能，在镇党委、政府的领导下，统筹了农综改及扶贫集体经济发展项目资金400万元发展螺洞村光伏发电项目。同时利用光伏板下空地作为停车场，以提高场地利用率，有效缓解梅花节期间停车问题。截至2023年，能给螺洞村带来年均约20万元的集体经济固定收入，建立长期稳定的村级产业收入形式。

六、未来乡村振兴发展主要规划

（一）牢固树立绿色生活理念

绿色发展同每个人都息息相关，开展绿美生态建设，需要进一步提高螺洞村全体村民对绿色生活理念的理解和认同，让村民都来做绿色生活的践行者、推动者。同时，创新宣传形式，深入宣传习近平生态文明思想，弘扬生态文明理念，普及绿色发展科学知识，倡导爱护生态、崇尚自然、绿色消费的生产生活方式，引导村民主动践行绿色生活理念，形成共同推动绿色发展的良好氛围，充分发挥绿美汕尾生态建设示范村作用，为推动绿美广东生态建设添砖加瓦。

（二）强化绿美建设兜底保障

加速推进绿美生态示范点建设工作，全面清理现行项目中与生态文明建设不相适应的内容，完善有利于推动形成绿美乡村的管理制度。完善奖惩措施，建立激励和约束机制，明确政府、企业、村民等不同主体在绿美生态建设中的责任与义务，实现多主体参与形成合力，推动螺洞村的绿美生态文明建设。

南万镇万东村

坚持绿色发展道路，打造生态宜居乡村

一、万东村简介

万东村位于南万镇西部，地处高山地带，距南万镇人民政府所在地3公里，下辖世径、中前、红光、各里、高洋5个自然村，共有243户1265人。土地总面积8.1平方公里，其中耕地面积1250亩，山地面积12000亩，生态公益林有7500多亩，森林覆盖率81.5%。村内有农会旧址、赤卫队遗址等红色文化资源。村“两委”干部5名，村党支部党员27名，预备党员2名，下设党小组5个，村后备干部3名。

万东村内环境

万东村以“百千万工程”高质量发展为契机，在新农村建设的基础上，大力实施乡村振兴战略，村庄建设成绩喜人，先后获得“广东省卫生村”“广东省乡村治理示范村”“汕尾市文明村镇”“汕尾市五星级人大代表联络站”“先进基层党组织”“无毒村（社区）”等荣誉称号。

2023年万东村集体经济收入20.25万元。其中，光伏发电项目收益

1.2万元；万东电站项目收益1.45万元；一村一品农副产品交易中心入股分红2万元；生态公益林收益8.6万元；杞洋电站分红收入4万元；“两山”民宿分红收入3万元。

二、乡村振兴采取的主要措施及成果

（一）激活党建引领引擎，凝聚建设合力

1. 持续夯实党组织建设。坚持以加强党的建设为统领，充分发挥党群服务中心阵地作用，严格落实“三会一课”、主题党日活动等制度，强化党员思想教育，不断提升党组织凝聚力、向心力和战斗力。

2. 持续深化主题教育成果。落实落细“336”服务群众工作法，深入推进“我为群众办实事”实践活动，抓实办好群众关心的大事小事。

3. 持续强化“头雁效应”。充分发挥“领头雁”和党员先锋模范作用，动员外出乡贤、广大村民共商大计、共谋发展，激发全民投身“百千万工程”的热情，推动干群齐心携手，共同打造宜居和美乡村。

（二）夯实产业发展根基，增强发展动力

1. 巧用得天独厚的红锥林资源。抱团联营打造万东“两山”森林康养基地，创新探索树上建设木屋和林下种植中草药的模式，构建集文旅、度假、研学等功能合一的新型旅游度假区，有效带动农副产品销售和村民增收，促进村集体经济发展。

2. 通过整合上级各类帮扶资金，大力推进光伏发电产业发展。利用村党群服务中心办公楼顶，建设光伏发电设施230平方米，带动村集体每年增收9000余元。

3. 积极盘活闲置园地。统筹产业发展资金，打造村集体茶园，因地制宜发展特色茶产业，帮助富余劳动力实现“家门口”再就业，带动村民和村集体经济“双增收”。同时，推动“一村一品”交易中心提档增质，持续优化茶叶、美人芋丝、腐竹等农特产品供销体系，助推“菜园子”和“菜篮子”有效衔接，让万东村的农特

万东“两山”民宿

产品走进千家万户。

（三）推进乡村建设行动，提升村庄颜值

1. 加强乡村风貌管控。优化提升村庄规划，合理布局村庄结构，严格保护生态空间，农房错落有致、外立面整洁有序，乡村风貌持续提升。

2. 纵深推进人居环境整治。持续巩固“明珠一号”攻坚行动成果，落实环境卫生保洁机制，常态化清理主次干道和村民房前屋后垃圾杂物。大力推进“三线”整治，全面完成道路硬底化、集中供水、污水治理等工程。

3. 深入推进村庄绿化行动。绘制绿美地图，全面动员党员、乡贤认捐认种，围绕“五边”“四旁”植树添绿，在河道两岸、村内主干道两旁栽种桃树、茶树、沉香、松柏、风铃木等超1000株，桃花主题小公园景观雏形初显。

万东村内环境

4. 改善公共服务条件，增进民生福祉。一是完善群众文化服务阵地，建设家风家训馆和法治文化长廊。二是开办幸福食堂，发动各界爱心人士积极捐款捐资，为村内留守老人等特殊群体提供“送餐上门”服务。三是完成卫生站标准化建设，满足群众日常卫生服务需求。

万东农家书屋

三、乡村振兴成果代表性事迹材料

近年来，万东村坚持以习近平新时代中国特色社会主义思想为指导，以党建引领产业发展为着力点，结合特色资源禀赋，发展休闲农业和观光旅游，积极引导村民规模连片种植黄花菜、蕉

芋、茶叶等农作物，发展乡村民宿和农家菜，为村集体经济和农民创收。

（一）坚持党建引领，加强基层组织建设

1. 规范基层组织制度建设。健全完善党支部职责、“三会一课”、党员议事制度等党组织工作制度，并制作成版面上墙，使村“两委”工作有章可循。

2. 完善党建活动设施。对已闲置的原小学校址进行重新改造，配置完成了村委办事大厅、“两委”干部办公室、会议室、党建活动室、便民服务活动室、阅览室、综合服务室等，同时配套建设了篮球场、活动健身广场。万东村委形象得到明显改善，村支部战斗堡垒作用显著增强，党建引领作用切实得到发挥，为乡村振兴工作开展提供了坚强的政治保障。

万东村党群服务中心

3. 落实村党务、村务公开制度。按照“四议两公开”工作法，设立村务公开专栏，定期公示，自觉接受群众监督，密切了干群关系，更好地推动各项工作的开展。

（二）打造特色民宿，发展森林康养产业

2021年10月，万东村被确定为党建引领共同富裕先行点，在南万镇党委、镇政府引导下，全力打造万东“两山”民宿（森林康养民宿）综合体，由各村合作社、村民、乡贤、社会资本共同出资组建成立陆河县乡创旅游发展有限公司，邀请联合浙江美丽乡村专业规划、设计、建设、运营专业团队全程参与，共同建设，打造南万镇美丽党建暨探索共同富裕先行点。项目规划共五期，总投资约1亿元人民币，一期投资1600万元，建设期一年；投资内容包括50套树上木屋及相关配套如书吧、咖啡馆、泳池等；后四

万东“两山”民宿

期计划分四年逐年投资建设完成，主要利用村集体闲置土地、森林及房屋，合理规划利用万东村的森林、田园、空气、水、闲置老屋等优良生态资源及乡土资源，打造汕尾市乡村振兴示范点。项目颠覆传统民宿的单一形态，将树屋、球屋、帐篷营地等多种形态的民宿产品，放到森林、溪边等生态环境中；民宿设计结合自然、保护自然、融入自然，借助万亩红锥保护林的优势，将木屋民宿置于4—5米的树冠上，同时给树木的生长让路，不破坏植被，让木屋自然得如同从树上长出来一样。树屋三三两两散落于森林和溪边，和周围的树木、水系融为一体。每一间树屋都是独栋的房间，也就保证了私密性与独立性，同时每个房间都配有山涧溪水的冷泉泡池，通过一半屋顶作天窗观星，而屋外原生态厚达5厘米的青苔与野生树莓都全部保留，仿佛睡在森林里。这是万东村发展文旅经济、打造康养胜地的有力举措，也是带动村集体增收致富的创新探索。

（三）发展“一村一品”，加强特色农业发展

万东村紧紧抓住“一村一品”（美人芋丝）建设项目的契机，采用“合作社+基地+农户”的经营模式，加强合作与农户的利益连接，为农户提供美人芋丝加工技术和蕉芋种植技术，通过进行生产示范和技术扩散，引导当地农民走致富道路。项目实施达产后，带领农户通过规范化种植增加效益，项目基地带动40名劳动力就地就近就业。同时通过收购周围农户的农产品，建立销售平台进行集体销售，加强合作社与农户的利益联结，进行有效的精准帮扶，社会效益显著。

万东村水稻种植

四、未来发展规划

（一）持续完善工作机制

聚焦万东村所遇到的痛点、难点、堵点问题，因地制宜探索出一套符合万东村实际情况的工作运行机制，加快编制高水平的典型村发展总体规划和实施规划，打牢典型村发展硬基础，着力推动重点工作、重点项目顺利实施，取得明显成效，并形成较为成熟的工作经验和工作方法，树立典型示范作用。

（二）不断壮大村集体经济

立足生态资源禀赋，积极探索万东村发展壮大村集体产业之路，坚定不移推动绿色高质量发展。一方面，利用各类扶持政策，不断完善民宿配套设施，加强万东“两山”森林康养民宿运营管理，通过分红收益的形式，持续带动集体经济增收。另一方面，依托光照强、日照长、热量足等资源优势，紧盯水力发电和光伏发电产业发展，增加村集体收益途径。

（三）扎实推进乡村人居环境整治

万东村作为典型村，以打造宜居宜业和美乡村为目标，奋力推进市委、市政府关于“百千万工程”“明珠一号”专项行动的各项部署要求，要坚持注重改善和提升人居环境品质，持续巩固“三清三拆三整治”成效，扎实做好农房管控、绿化管护工作，村容村貌、人居环境、绿化品质明显提升。同时，要积极做好公共配套服务，建设好“四小园”等设施，让群众安居乐业。

上护镇洋岭村

以“梯田”特质深化“富村”内核

上护镇洋岭村坚持以习近平新时代中国特色社会主义思想为指导，全面贯彻党的二十大精神，认真落实省、市、县关于“百千万工程”部署要求，围绕农业高质高效、乡村宜居宜业、农民富裕富足的“未来乡村”目标，集中力量创新农文旅产业融合发展模式，打造美丽休闲乡村新样板。

一、洋岭村基本情况

洋岭村位于陆河县上护镇中部，毗邻护东、硁头、硁二、樟河、鸡坑等村，距离镇区约4公里，距离县城7公里，距离潮惠高速陆河南出口3公里。全村行政面积6.234平方公里，其中耕地0.8平方公里，林地1.3596平方公里，呈山多地少的地理格局，地理环境独特，梯田资源丰富。洋岭村历史文化悠久，洋岭明朝古驿道为全县保存最为完好的一段，古驿道途中有较多的古树（秋枫树为主），风景秀丽。洋岭村交通便利，可经鸡坑村委、硁二、樟河野鸭等3条盘山公路进入村内。村委下辖上岭头、下岭头、洋一、洋二等4个自然村，全村户籍人口546户2703人，常住人口103户226人，党员53人，村“两委”干部5人。经济收入主要以种植水稻、火龙果、皇帝柑，畜养牛、鸡、猪和发展农家乐为主。值得一提的是该村海拔高于周边，耕地土质富含人体必需的硒元素，耕作主要是梯式，以生产米质柔软、香味独特的优质大米，味道香甜的火龙果而出名。现有3种村集体经济收入渠道，分别是光伏发电项目分红、洋岭梯田扩耕流转租金、梯田文化节摊位管理费，年收入共计可达15万元。洋岭村先后获得县级“森林公园”、省级“卫生村”等荣誉称号。

洋岭党群服务中心

二、工作开展情况

（一）党建引领乡村振兴，打造共享共建的乡村善治地

充分发挥基层党组织的战斗堡垒作用，把党的政治优势、组织优势、群众优势转化为产业发展、乡村治理的强有力抓手。

1. 建强基层组织堡垒。推深做实“123”“336”工作法，凝聚支部引领力量，坚持党员先行、干部带头、群众协同，实行驻村镇干部分片包户主抓、村组干部联户包人推动的责任制，统筹驻村干部、辅警、网格员、党员中心户、驻村社工、志愿者等人员力量打造村级一中心四组，不断发挥四组在公共服务、综合治理等方面的职能作用，推动基层党员干部在乡村振兴、产业发展、移风易俗等行动中干在前、当先锋、作表率。

2. 建好党群服务阵地。通过整合旧校舍等农村闲置资源，统筹资金对党群服务中心、乡村百姓舞台、农家书屋和村级卫生站等党群服务阵地进行升级改造，以组织联建强治理、阵地联用拓功能、队伍联育提本领、活动联办增活力、服务联促赋新能等方式为党员、群众就近就便提供党性锤炼、学习教育、文体娱乐、综合服务、邻里交流等开放式服务，成为党员、群众的“红色家园”。

3. 构建新型治理体系。全方位加强党组织在农村基层的领导力，持续深化“田”字形治理体系，完善网格化管理、组团式服务机制，集体“三资”家底清楚、权属明晰，资产财务管理规范。通过制定村规民约、立好人榜、评美丽家庭等方法引导村民积极开展移风易俗，逐步形成了矛盾纠纷不出村、婚丧酒席不铺张、护林禁火不含糊等文明乡风。

（二）赋能升级梯田链条，打造前景广阔的乡村蓬勃地

通过聚焦“强村”“富民”两大关键词，加速推动梯田产业链发展，全面激发乡村振兴内生动力。

1. 做优美丽田园。以撂荒地整治为牵引，引导农民通过土地托管、入股合作社、龙头企业产销合作等模式，最大限度降低农户个体经营风险，稳步拓宽增收渠道。自2020年以来，粮食面积和总产量实现三连增，2024年复耕农田达到800亩，依托上护镇农产品展销交易中心和消费帮扶平台，打响“洋岭大米”特色农产品品牌，“梯田”经济和社会效益不断凸显。据统计，2022年度各专业合作社和种植农户仅凭稻谷这一农产品销售性收入就达到50多万元。

2. 做靓美丽产业。大力发展火龙果、皇帝柑等特色种植业产业，推行“党组织+基地+农户”“土法种养+现代营销”模式，由支部、村委统一流转村民土地交给合作社经营，村民以土地入股、收取租金、基地务工等形式参与合作社

洋岭梯田米

洋岭梯田

经营管理、监督，实现社会资本共同帮促，带动实现20多名富余劳动力（含脱贫户）在家门口就业，劳务收入超过30万元，村集体经济资产租金收入达到8万多元。

3. 做活美丽经济群。坚持“景助村富、村助景兴”理念，探索建立“村集体+资本+农户”模式，激活农村沉睡资源资产，在梯田观赏期组织开展丰收节、美食节、徒步活动等深化农文旅融合发展，带动培育农家乐、民宿经济、教育研学等新业态，本地村民创办民宿或农家乐5家，经营农家土特产、小卖部等摊位20多个，户均增收逾1万元，同时借助驻村帮扶力量，引进奥雅设计团队，特色化、市场化推进网红打卡地建设。2022年，乡村旅游人次突破50万，村集体经营性收入4万多元。

洋岭梯田节

（三）整体提升古村价值，打造向而往之的乡村栖居地

坚持以人为本，立足资源禀赋和历史底蕴等优势，从实际需求出发，打造硬配套提级、软实力升格的品质乡村。

1. 塑造整体大美之“风”。全域推进乡村风貌提升，强化村庄绿化美化，实现主干道沥青化、村内道路硬底化，建设垃圾处理收集点5个、污水处理管网3.224公里和处理终端1个，公共厕所1个，其中旅游厕所1个。大力推进洋岭村高山寨地质灾害点整村避险搬迁行动，目前已完成三通一平工作。

2. 聚焦“一老一小”之“需”。打造一门式办理、一站式服务、线上线下结合的服务体系，建设幸福食堂、居家养老服务站、儿童之家等“一老一小”场景建设，整合社工、青年党员、村医、退休村干部等服务力量和人才资源，建成一支“一队多能”的村级志愿服务队伍，编密织牢民生保障网，让群众在家门口就能享受到实惠、优质、温馨的服务。

3. 打开乡村文化之“窗”。实施明朝古驿道和百年秋枫古树保护利用行动，整合资源打造兼具观赏性与教育性的法治廉政公园，历史文化、红色文化与法治文化相辅相成，让乡村历史资源热起来、活起来，持续擦亮“农耕文化”本底，让传统文化可见、可感、可传承。

三、下一步工作打算

（一）谋划乡村产业发展

1. **聚焦农业产业发展**。在原有梯田种植200亩的基础上，以撂荒地整治为牵引，通过不断地完善梯田农田水利设施，引导农民通过土地流转、土地托管、土地入股合作社、龙头企业产销合作等模式，逐步推动梯田种植面积增加。深挖洋岭村大米、火龙果、皇帝柑、香蕉、释迦果等特色农产品，加大土地流转力度，扩大种植规模，引进优质经营主体进行种植，做足“农头工尾”文章，打造洋岭村特色农产品品牌。同时，通过加强特色农产品的种植结构规划，打造各类特色采摘园，与“四小园”交相呼应，提升农业发展内涵。

2. **聚焦农文旅融合发展**。坚持“景助村富、村助景兴”理念，探索建立“村集体+社会资本+农户”模式，激活农村沉睡资源资产，在梯田观赏期组织开展丰收节、美食节、徒步活动等深化农文旅融合发展，带动培育农家乐、民宿经济、教育研学、果园采摘活动等新业态。同时实施明朝古驿道和百年秋枫古树保护利用行动，整合资源打造兼具观赏性与教育性的法治廉政公园，历史文化、红色文化与法治文化相辅相成，让乡村历史资源热起来、活起来，持续擦亮“农耕文化”本底，让传统文化可见、可感、可传承。

3. **聚焦农产品供销**。谋划建设洋岭村农副产品展销中心，将小农户、专业合作社、小微企业

洋岭绿美小公园

等组织起来，推动洋岭村种植业全面发展，通过统一标准、统一品牌、统一销售，打造产销对接平台，不断地进行拓宽销路，在扩大品牌知名度的同时，以订单的方式促进村民扩大种植规模，形成生产与销售良性循环。

（二）谋划壮大村集体经济收入

1. **发展特色种养业**。经联社对已流转的30亩梯田进行种植水稻，通过良种良法进行科学种植，加工后进行精品包装销售，不断完善洋岭大米品牌，预计收入4万元以上。

2. **发展稳健型投资**。近几年光伏发电技术不断完善，转化率不断提高，洋岭村党群服务中心楼顶具有光照强和时间久等特点，是建设光伏发电项目最佳时机，洋岭村计划筹集50万元建设光伏项目，增加村集体收入5万元以上。

3. **发展资源性收入**。进一步推动土地流转收入，目前计划引进企业发展农业光伏项目，计划流转土地500亩以上。

4. **发展综合性收入**。引进第三方专业公司运营村集体资源，村集体以土地、设施、管理等要素入股企业，携手实现双赢。

（三）谋划带动周边村共发展

以“洋岭梯田”品牌吸引周边游客到镇到村，通过打造让游客“玩一天，吃一餐，买一袋，

洋岭梯田栈道

住一晚”的旅游模式，带动华发、丰源、龙之泉等温泉住宿经济，逛展销中心购买樟河贡柑等本土特色农产品，将“人流量”进一步转化成“人留量”，与上护温泉、苏坑红色基地、富溪茶园、樟河采摘园串珠成链，与周边村实现共同发展，赋能上护经济发展新动力。

洋岭风光

上护“四个一”攻略

螺溪镇欧西村

精心绘好“五张图”　跑出振兴“加速度”

近年来，欧西村全面贯彻落实中央、省、市、县关于乡村振兴的战略部署，锚定高质量发展目标，通过党建引领、产业赋能、生态强根、人才筑基、文化铸魂，奋力走出了一条乡村宜居宜业、产业高质高效、农民富裕富足的乡村振兴之路，群众获得感、幸福感、安全感大幅提升。

一、基本情况

欧西村位于陆河县螺溪镇西南部，毗邻欧田、螺溪、新良等村，距离螺溪镇圩3.6公里，区域面积11平方公里，下设珠岭下、七径、山俄、子背、甜栏5个村民小组。全村共有410户，户籍人口2051人，党员29名，村“两委”干部4人。欧西村自然条件优越，山地、田地比例高，土地肥沃、光照充足、水资源丰富，欧西河自西向东流经各自然村在欧田圩与螺河相汇。村民建房均依山而建，村庄整洁有序，田地损耗较小，为该村发展集约型农业产业打下了坚实的基础。

欧西村全貌

欧西村是青梅产业龙头村，村民一直以来就有种植青梅的传统，前期单纯种植果树，主要以散户种植为主。近年来，欧西村充分发挥产业优势，做大做强农业产业，不仅打造了青梅种植基地，培育了国家农民合作社示范社1家，而且培育了本土的省级重点农业龙头企业——陆河县清绿农业科技发展有限公司，每年可消纳当地及周边地区青梅2000吨，形成了集种植、加工、展示、销售于一体的完整产业链。同时开发龙潭瀑布等旅游资源，2024年村级集体经济收入约为33万元，获评广东省乡村治理示范村、广东省民主法治示范村、广东省卫生村、广东省美丽庭院示范村、汕尾市文明村、汕尾市先进基层党组织。

二、工作开展情况

（一）以党建引领，绘就乡村“组织架构图”

欧西村深入学习贯彻党的二十大精神，持续强化党的基层组织建设，全面加强党对乡村振兴工作的领导。

1. 书记带头定方向。欧西村坚持党建引领，选优配强村党支部班子。大力实施“头雁工程”，将全国农业劳模、“广东好人”推选为村“两委”带头人。列出年度党组织书记抓党建“工作清单”，涵盖党员发展、道路升级、绿美建设、产业发展等十项任务，制定时间表，坚持挂牌销号作战，晒出成绩和短板，真正使工作成绩“看得见、比得出、推得动”。

2. 支部带头促民生。通过支部带头、群众参与的方式，积极开展人居环境整治“大行动”，清理生活垃圾、整治污水沟渠、拆除危旧瓦房、铺设沥青路面，完成“道路拓宽畅通化、村庄路灯明亮化、墙面改造一体化、河道砌坎整齐化、绿化种植美观化、文体设施丰富化”等基础建设提升工程，实现村容村貌大幅提升，人居环境明显改善。

3. 党员带头优服务。创新探索“三定三评六带头”的党员中心户联系服务群众“336”工作法，推选出15名党员中心户，每户联系服务周边25户群众，形成“党支部+党小组+党员中心户+群

党群服务中心（建设前）

党群服务中心（建设后）

众”的治理模式。赋予党员中心户职责任务和一定的权限，在子女参军入伍、发展党员、评先评优等方面，优先征求责任网格内的党员中心户意见，有效激发了党员、群众共同参与乡村治理的主观能动性。

4. 优化机制强管理。严格落实“123”工作法，抓住党的领导为核心，扭住村组账和印章管理两个关键，把住队伍、阵地、保障三个重点，建成村小组党群服务站4个，把村组级“三资”牢牢抓在手中，有力保障党组织对一切组织的领导，不断提升基层社会治理现代化水平。

（二）以产业赋能，绘就乡村“富民兴村图”

欧西村积极谋划产业发展，不断探索“产业兴村、联建共富”的乡村振兴之路。

1. 做大本土产业带动。通过推行“党支部+龙头企业+合作社+农户”的产业发展模式，免费向村民提供种苗，鼓励全村村民种植青梅并提供保价收购。培育省级重点农业龙头企业1家，打造青梅产业基地1个，完善产品深加工链条，解决村里200多人的就近务工问题，每户农户平均年增收约2万元，2023年为当地贡献税收达50万元。

农产品展示交易中心

2. 搭建营销平台推动。在全县率先建成一个农产品展示交易中心和电商物流服务中心，搭起线上线下交易平台，通过电商、直播等方式拓宽农产品销路，建成一条集种植、加工、展示、销售于一体的产业链，带动本地农产品资源向品牌化、标准化方向发展，每年销售农产品超2000万元，带动村民增收致富。

清绿公司

3. 盘活集体资源联动。积极争取资金建设青梅产业配套设施，既为村集体经济增收约16万元，解决了青梅产业配套不足的窘境，又为当地村民创造了家门口就业的机会，实现了“村企民”联建共富的目标。同时，充分盘活本村资源，打造龙潭瀑布风景区，发展乡村旅游、光伏发电项目，挖掘乡村多元价值，推动农文旅融合发展。

（三）以生态强根，绘就乡村“绿水青山图”

欧西村紧紧抓住农村人居环境整治和绿美建设契机，大力推进生态文明建设，全力打造“全国最干净最整洁村庄”。

1. 做好村容村貌提升，在建设美丽乡村上下实功。近年来，欧西村共清理积存生活垃圾、建筑垃圾3000多吨，整治污水沟渠20多条，拆除危旧瓦房、旱厕、废弃猪牛栏和违章建筑130多间，全面完成“三清三拆三整治”和“厕所革命”。大力推行生活垃圾分类处理，开展“常态化人居环境卫生整治”志愿活动100余场，人居环境实现长效保洁。

2. 创新开展“积分评比”，在激发村民自治上出实招。通过支部领头、党员带头、群众参与的方式，创新推行“党建+乡村治理”积分评比奖励制度，建立涵盖村规民约、移风易俗、好人好事等村级事务的家庭户积分评价体系，每月评选出“榜样户”“达标户”“进步户”。设立“积分兑换超市”，村民根据每月评比情况获得相应积分，按需兑换生活用品，以“积分考核、兑换奖励”的形式激发群众参与乡村治理的积极性和主动性，让原来的“脏乱差”彻底成为过去式，而且改变了以往“干部在干，群众在看”的尴尬局面，通过“小积分”解决“大问题”。

3. 推进乡村绿化行动，在绿美生态建设上见实效。欧西村通过全面排查摸底可植树绿化点位，编制完成欧西村“绿美地图”总体规划，明确“在哪种”“种什么”“种多少”“怎么种”，实行挂图作战，确保绿美生态建设有图可循。同时利用春节期间外出人员返乡的契机，开展“我为家乡种棵树”认捐认种活动，广泛发动乡贤、企业家捐资捐树，共同谋划建设绿美家乡。全面鼓励群众开展庭院种植，因地制宜打造“美丽庭院”。利用三八国际妇女节，开展“我为庭院增绿赋美”主题活动，向群众免费发放桂花、杨梅、番石榴等庭院绿植，鼓励大家利用房前屋后见缝插绿，打造推窗见绿、出门见景的“美丽庭院”。目前，欧西村共种

绿美生态建设

党建+乡村治理积分兑换

植绿植2000余棵，打造“美丽庭院”示范户10户，“四小园”45个，获评“广东省美丽庭院示范村”。

（四）以人才筑基，绘就乡村“规划发展图”

欧西村坚持把人才建设摆在更加重要的位置，凝心聚“智”，招才引“智”，扎实推动乡村振兴发展。

1. 打好“乡土牌”。欧西村是青梅产业龙头村，发展青梅产业已有24年。近年来，通过精准培育农村实用人才带头人，让懂技术、会种植的种养专家以“传帮带”的方式，努力打造一支懂农业、爱农村、沉得下、能管用的“田专家”“土秀才”，全面提升农民素质，为乡村振兴持续赋能。

2. 下好“引进棋”。推动乡村人才振兴，既需要用好“源头活水”，更需要“挖渠引水”。欧西村常态化开展大学生、退役军人回引等工作，并聘请一名农村职业经理人，探索适合当地实际的产业项目发展路子，不断创新多元发展渠道，培养本土电商人才一批，壮大乡村人才队伍。

3. 栽好“梧桐树”。人才既要培养好、引进来，也要留得住、扎下根。欧西村注重“拴心留人”，为人才干事创业和实现价值提供机会条件、搭建展示才华舞台，包括健全农村工作干部培养制度、为返乡创业人才给予经营上的支持等等，充分调动各类人才的积极性、创造性，最大限度激发人才内在动力，全面夯实乡村产业振兴的人才基础。

（五）以文化铸魂，绘就乡村“善治善美图”

乡村振兴，既要“腰包鼓”，也要“脑袋富”。欧西村聚焦精神文明建设，持续打造“善美文化”示范品牌。

“善美少年”评选活动

幸福食堂

1. 有效整合资源倡树“文明新风尚”。依托新时代文明实践站，有效整合文化广场、妇女儿童之家、农家书屋等资源，构建点多面广、功能完备的“15分钟服务圈”。组建了村广场舞蹈队、足球队、篮球队等各类群众性文体队伍，定期开展“星级文明户”“最美庭院”等评选活动，广泛颂扬典型正气，形成崇德向善、见贤思齐的社会新风尚。

2. 创新活动形式打造“三六九”品牌。针对本地外出人口多，留守人员多为老人、妇女、儿童的实际，欧西村以“三八妇女节”“六一儿童节”“九九重阳节”为抓手，开展“她力量”“善美少年”“欢乐度重阳 浓浓敬老情”等形式多样的活动，通过为村民们呈现丰富多彩的文化活动，满足群众的精神文化需求，凝聚老人、妇女、儿童共识，不断弘扬优秀传统文化，促进乡风文明。

3. 优化便民服务打通“最后一纳米”。建立村级便民服务中心，落实专人为村民代缴代办14类服务事项；用好“粤智助”自助机，帮助村民办理养老认证、医保缴费等业务；建成幸福食堂，解决留守老人、五保户等弱势群体“吃饭难”问题，累计就餐人数达1000人次，切实打通服务群众“最后一纳米”。

三、下一步谋划

欧西村将紧紧抓住“百千万工程”重大战略机遇挑战，深入践行绿色发展理念，充分挖掘生态旅游资源，探索村级集体经济多元发展模式，努力实现美丽经济富民兴村，将欧西村高质量发展“施工图”转化为“实景图”。

（一）发展美丽经济，建设绿美乡村

全面强化生态环境保护，严厉打击自然资源违法，打造红梅景观村和休闲绿道。发动村民捐树捐种，组织动员广大妇女群众积极参与打造美丽庭院，为推进“百千万工程”和绿美生态建设贡献巾帼力量。充分整合现有资源，将文化广场、党建小公园、法治文化公园串点成线、串线成片，集中打造具有文化性、社会性和景观性为一体的特色打卡点，不断挖掘乡村多元价值，擦亮欧西绿美品牌。

（二）发展旅游经济，建设乐游乡村

持续深化农综改，盘活现有山林、田地、瀑布群等生态资源，发动乡贤成立旅游资源开发公司，开发打造以大龙潭瀑布群为中心的生态旅游景区，打造“乐居民宿、乐尝农家、乐游山水、乐享生态”四大板块的体验式旅游项目，形成六公里河道的生态旅游景观。以乡村足球场为中心，规划天幕帐篷露营区、亲子游乐设施区、天然景观健步区、民宿建设区，完善周边道路、停车场、公厕等旅游配套设施建设，高规格打造乡村旅游综合体，推动乡村旅游和乡村振兴融合发展，变“美丽风景”为“美丽经济”。

龙潭瀑布生态旅游规划图

（三）发展产业经济，建设富民乡村

推动青梅加工厂增资扩产，把村集体经济壮大、农业企业发展与村民就业增收抱团发展，建成“村企联建”的利益联结机制，做强以省级重点农业龙头企业清绿公司为核心的主产业链。强化“党支部搭台、龙头企业牵头、合作社进驻、村民联动”体系，优化提升青梅种植、技术推广、收购加工、产品研发、展示推介、交易销售的产业发展格局，共同推动“产业富村、产业富企、产业富民”，实现村集体、企业、村民“三方共富”的发展局面。

东坑镇共光村

以梅赋能，推动乡村可持续发展

一、共光村简介

共光村位于东坑镇东部，是中国青梅之乡陆河县的青梅核心主产区，也是广东最大青梅连片种植基地之一，距镇区约7公里，离潮莞高速陆河东出口约11公里，交通便利，青梅种植历史悠久，全村家家户户种植青梅，连片种植1万余亩10万余株，年产青梅4500吨以上，产值1300万元以上。2016年被省评为“广东名村”，在2019年，获评首批广东省旅游与文化特色村、首批“国家森林乡村”，共光万亩梅园农业公园获评广东省4A级农业公园。在2020年，获评“广东省文明村”、广东“十大美丽乡村”。2021年获评第八批“全国民主法治示范村”、广东省乡村治理示范村。

近年来，东坑镇坚持党建引领，深入贯彻落实市委党建引领“三六九”工程，聚焦绿美生态建设，围绕高质量发展，深做“梅文章”，发展“梅旅游”，探索“梅++”，以梅为“媒”赋能深入推进“百千万工程”，助推共光村向美而生，翻开了共光村绿美生态高质量发展“新篇章”。

二、深做“梅文章”，打造世外梅园景区品牌

东坑镇立足共光村得天独厚的“梅”资源，以“百千万工程”为总抓手，对共光梅园景区进行全方位科学规划，累计统筹使用新农村建设资金和集体经济发展试点项目资金4000多万元，以“土地流转+点状供地”，流转土地100多亩、点状供地20多亩，按国家 4A 景区标准对景区进行精细营造，完成了景区内游客服务中心、“岭南香雪”景亭、沿河驳岸、沿溪栈道、商铺、民宿、民居外立面整治、路灯亮化工程、垃圾分类亭安装设置、综合性文化服务中心配套设施、污水管网铺设、旅游厕所等景点和设施建设，完善了景区停车设施、交通路网建设，完成民居外立

面整治近20000平方米和“穿衣戴帽”工程近5000平方米，并配上具有浓郁客家风情的“3D”墙画。如今的共光，夏时梅林仿若苍翠绿海，溪流湖水环绕，青山黛岭耸立。冬时漫天岭南雪海，落梅暗香疏影，方圆十里遥天映白，全村面貌发生质的飞跃。

三、发展“梅旅游”，促进全域乡村生态旅游

东坑镇通过以梅塑“旅”，不断丰富共光村的文化内涵，为“百千万工程”注入前进动力。聚焦“文体搭台引线，引爆梅园旅游”思路，凭借丰富多彩、持续不断的旅游文体活动，激活旅游市场，吸引八方游客，引爆梅园旅游，促进乡村旅游发展。在2017年梅花节期间举办了全市首届无人机摄影大赛，2018年梅花节期间举办了省级非物质文化遗产——东坑地景巡游活动，2019年梅花节期间举办了20公里徒步活动、摄影大赛、“咏梅”诗歌诗词作品征集活动、百姓大舞台表演、古筝音乐会暨旗袍秀等系列文化活动，2022年举办“传承千年民俗，探寻梅花韵味”汉服梅花节，每年活动期间游客超过30万人次，景区旅游营业额达100万元以上，实现了文化体育

共光村万亩梅园

搭台，乡村旅游唱戏，广大农民增收，人民群众共享文化旅游成果的共赢。2024年1月中旬，东坑镇举办梅花节系列活动，花开正当时，共光万亩梅园吸引众多市民游客前来观光赏花、打卡拍照，流连忘返，整个园区顿时成了名副其实的“网红打卡点”。共光村打造的万亩梅园，成为东坑镇一张靓丽名片，提升东坑镇“颜值”和“气质”，带动共光村旅游业发展，全面助力乡村振兴。

四、探索“梅++”，壮大新农村建设强劲引擎

东坑镇立足共光村村情民意，以梅赋能，不断凝聚“百千万工程”力量。

（一）丰富“梅”好元素

高标准打造梅花廉政教育基地、共光红色文化体验馆，推动聚云寺扩展，将共光打造成为集“梅、红、客、旅”为一体的乡村休闲旅游胜地。

（二）抢抓“梅”妙机遇

以全镇打造榕江源美丽花果示范带、共光万亩梅园示范带、尖山寺红色旅游观光带为契机，打通共光—高树坪防火通道，形成环状交通路网，不断扩大共光生态旅游“辐射面”。

（三）发展“梅”丽产业

立足“一村一品”优势，打造共光青梅、共光油茶品牌，推广“公司+合作社+农户”的合作共赢模式，不断推进农产品“产供销”全链条发展，推动农业产业兴旺，带动农民增收致富。

五、共光万亩梅园景观带“梅与绿”齐头并进

共光村庄绿化树种主要以梅树为主，持续完善万亩梅园旅游景点基础设施，2024年在梅园路两旁种植桃树和万年青1160株，对全路段进行绿化美化，打造出一条赏心悦目的“绿美村道”，绘就“夏有绿美山水，冬有寒梅傲雪”美丽图景。计划打造一两个绿美小公园，为共光村增添一抹鲜亮的色彩。

自绿美生态建设工作启动以来，东坑镇深入践行习近平生态文明思想，全面贯彻党的二十大精神，紧紧围绕省、市、县推动绿美生态建设各项工作部署要求，深入推进“百千万工程”高质量发展和绿美东坑生态建设，致力于打造“绿水相依、绿路相拥、绿居相嵌、绿镇相映”的新时代绿美乡村。为扎实推动“百千万工程”落地见效，更好发挥典型引领作用，东坑镇高度重视“百千万工程”典型村培育工作，集中力量、抓住重点、打造亮点，精准培育具有东坑特色的“百千万工程”的典型村，全力推进“百千万工程”走深走实。

持续深化绿美东坑生态建设专项攻坚行动领导小组和工作专班效能，推动成立村级绿化委员

会，将植绿纳入村规民约，组建“绿美轻骑兵”队伍，不断完善绿美生态网格化体系。

积极参与全民义务植树，常态化开展“我为家乡种棵树，绿美东坑齐行动”认捐认种等活动。全面发动党员干部、外出乡贤、企业家等社会各界力量捐资捐树，共同参与绿美生态建设。

共光村深化认识，突出重点，真抓实干，扎实推进绿美生态建设各项工作落地见效，积极谋划，抢抓春季植树季节的有利时机，精心绘制“绿美地图”，对可植树绿化进行全面排查摸底，结合当前的人居环境整治、产业项目规划、农房风貌管控提升等工作，充分挖掘绿化潜能，扎实开展备种打穴，工具物资筹备等多项工作，落实网格化管养机制，将绿植管护任务分配至网格，组建网格化管护队伍，形成群众参与、共建共治共享的网格化管理新格局。

六、下一步发展思路

（一）加强绿美乡村建设

共光村以深入实施“百千万工程”“明珠一号”和绿美陆河生态建设为契机，坚持绿色发展理念，不断推进人居环境整治、绿美乡村建设，突出自然景观、田园风光禀赋，打造美丽宜居乡村。聚焦“五边四旁，绿美交织”。持续开展“绿美陆河，春满东坑”活动，提升山边、水边、路边、镇村边、景区边“五边”绿化美化品质，深入开展“四旁”植绿活动，交织“山”“水”“林”“梅”等绿美生态要素，推进增绿、补绿、扩绿、见缝插绿、宜绿尽绿，形成“房在园中、人在景中”的绿美城乡景观。

（二）发展全域旅游

充分发挥全镇丰富旅游资源优势，以“串点成线，串链成面”思路规划布局，打造“点上出彩、线上成景、面上美丽”的全域绿美生态旅游版图。整合沿线村庄红色革命历史文化，发动沿线村委房前屋后留白增绿，建设公共绿地和绿美庭院，形成一条集文化熏陶、美景观赏、旅游服务为一体的“红颜绿景”旅游观光带。进一步发动乡贤、党员干部、群众等参与绿美生态建设，抢抓春季造林绿化的黄金季节，全面掀起植树造林和绿化的热潮，推动绿美东坑生态建设取得新成效，构建起“路通、河畅、山清、水秀、景美”的自然生态环境体系，坚持走好绿色发展之路，让良好生态资源变成经济发展动能，以“好环境”换来更多“好前景”。

1. 立足资源禀赋，擦靓乡村“梅”旅融合“新名片”。深入挖掘共光“梅花”文化、客家文化和红色文化内涵，加大力度举办梅花节、徒步节、摄影节、音乐节、诗词节等文旅活动，持续聚集“梅+红+客+旅”发展理念，不断扩大共光旅游品牌影响力。

2. 培育共光品牌，点燃村集体经济发展“新动能”。坚持“一村一品”发展工作思路，持续打造“共光青梅”“共光油茶”品牌，通过种植技术引导，产业奖补、服务农产品加工业等惠民政策，实现“生产+加工+销售”特色农产品产业链发展，焕发村集体造血功能，带动村民增收致富，助力“百千万工程”。

3. 推动要素融合，打造共光旅游综合体“新业态”。以共光“点状供地”为契机，打好招商牌、乡贤牌，发展特色农家乐、精品民宿、农产品购物超市等富民兴村产业，不断完善旅游要素融合，拉长共光旅游产业链，打造集“吃、住、游、玩、购”于一体的生态旅游“新业态”，让游客变“留客”，让“绿水青山”变成“金山银山”。

4. 强化联动共兴，描绘乡村振兴发展“新图景”。聚焦绿美生态建设，践行“两山”理念，坚持“山与梅”联动发展，坚持“农与景”抱团共兴，以景促农，以农推景，不断推动青梅产业和景点辉映，培育“农业+”“生态+”新业态，助力宜业、宜居、宜游的东坑全域绿美生态旅游高质量发展。

东坑镇竹园村

共建美丽乡村，共享美好生活

一、竹园村基本情况

（一）竹园村简介

竹园村位于东坑镇东部，村域面积为5.89平方公里。下辖5个村民小组共484户3268人，常住人口1082人，其中特困户16人，低保户62人。村“两委”干部7人，党支部委员5人，村委委员3人。“70后”4人，“80后”2人，“90后”1人。现有正式党员78名。村设党总支部，下设4个党支部。村集体经济主要为光伏、生态林补助、山林出租、碳普惠等收入组成，村民主要以外出经商、务工为主，家中种植青梅为辅，梅园路贯穿全村而过。2024年村级集体收入为33万元。

竹园村是全国、省、市文明村，广东省卫生村、广东省乡村治理示范村、广东省民主法治示范村。2008年竹园村被省评为“广东省卫生村”，2009年获评“广东省文明村”，2012年获评

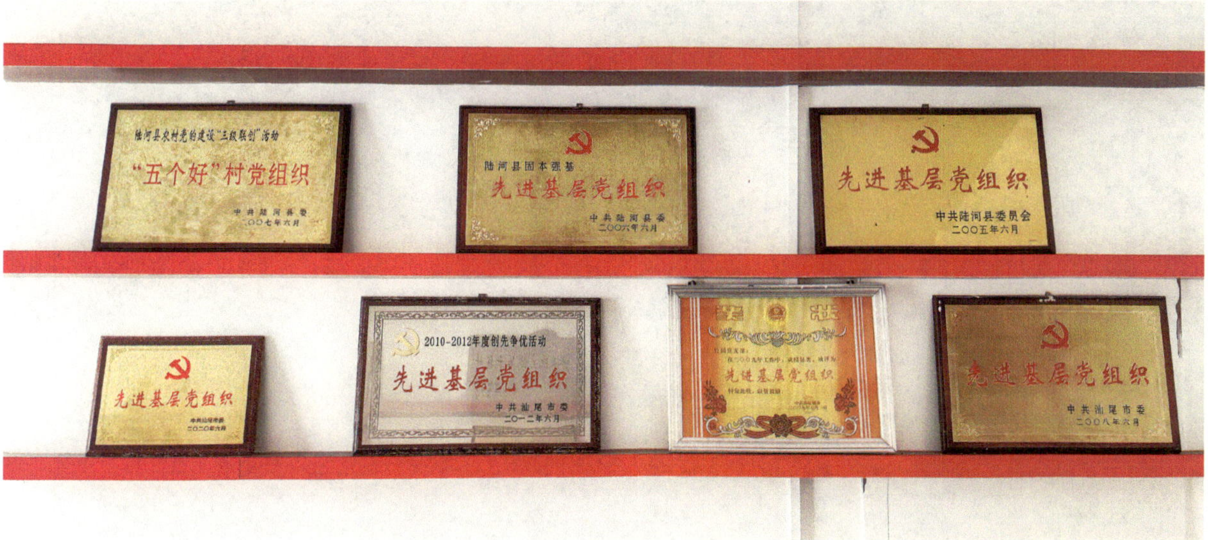

竹园村荣誉墙

"全省民主法治示范村"，2017年获评"全国文明村"，2020年获评"广东省乡村治理示范村"。

村内有小学1所，学校附带篮球场1个，卫生站2个，文化广场1座。文化广场对面有秀灵宫1座，秀灵宫坐落于陆河县东坑镇竹园村中部，始建于明朝初期，至今已有600多年历史。秀灵宫约20世纪80年代初期进行维修，于2005年又进行扩大修建，为如今规模。竹园村秀灵宫每年农历正月十三都举办盛大的迎神赛会、恭迎圣驾（俗称"等王爷"）活动。神明金身被各自然村信众轮流接至村内进行祈福活动，是竹园村村民盛事活动之一。

（二）产业发展

竹园村大力发展现代农业。现有农户种植牛大力300多亩，油茶820多亩，现有工人20余人。竹园村党总支部积极引导乡贤回村落户办厂，大力办好"家门口"的企业，如新引进三家制衣厂在竹园办厂，现有工人40多人，有效解决了本地的剩余劳动力和外出就业难问题，为群众增收致富提供了有效渠道。

（三）基础设施建设

村庄规划主要从村道硬底化、生活垃圾处理、生活污水处理等方面进行重点建设。竹园村党群服务中心、村卫生站等建设完善、功能齐全，公共厕所建在文化广场旁。

竹园村入口

二、激活党建引领引擎，增强发展动力

（一）坚持落实“第一议题”制度

常态化开展“三会一课”“一月一主题”党日活动等政治生活，持续深入开展学习贯彻习近平新时代中国特色社会主义思想主题教育、贯彻落实党的二十大精神、习近平总书记系列重要讲话和重要指示批示精神、省委“百千万工程”、市委“明珠一号”攻坚行动等政策思想。

（二）发挥党员带头作用

深入贯彻省委“1310”具体部署、市委党建引领“三六九”工程，坚持党建引领乡村振兴、基层治理等重点工作任务，积极发挥60名善美党员志愿者服务队、16名党员中心户引领示范作用，开展联系服务活动16次，开展关心关爱留守儿童、开展孤寡老人集体生日会、慰问村中特困人员、发放爱心物资30余次等。

（三）村民自治依法规范

1. **落实村党支部领导制度。**建立完善了村委会、村务监督委员会和村集体经济等各类村级组织定期向村党支部报告工作的制度，有效实现惠民政策由党组织宣传、惠民服务由党组织推动、惠民举措由党组织落实，推动乡村有效治理。

2. **落实党务村务公开制度。**依法设立党务村务公开栏，对涉及财务、集体经济、政府专项资金补助及其他重大事项等情况定期在公开栏公开，并同步发布到“善美村居”应用微信小程序，确保群众知情。

3. **定期召开村民代表会议。**对与村民切身利益相关的事项实行民主决策，严格落实“一事一议”制度和决策责任追究制度。

三、抓好人才队伍建设，凝聚建设合力

（一）选优配强班子队伍

狠抓村级班子干部队伍建设，激发村干部履职担当的积极性和主动性，着重培养后备干部2名，进一步提升村“两委”班子队伍的凝聚力、为民服务能力、干事创业能力。

（二）积极做好人才培养

坚持“引凤归巢”，深挖本土优秀人才，吸引致富能手、优秀青年、外出乡贤、大学生等返乡建设，夯实后备干部人才库。积极推动乡村文明与经济发展。

1. **推动文旅发展。**利用废弃打石场，打造“浮日瀑布咖啡”景点，吸引大量游客，成为网红打卡点，带动乡村经济。

2. **移风易俗，倡树新风。**竹园村通过制定村规民约，反对铺张浪费，倡导红白喜事简办，树

立文明乡风。利用多种方式进行宣传，推动移风易俗深入人心，营造健康文明的良好社会风气。

3. 党建引领，建设文明村庄。竹园村以党建为引领，开展文明村建设，投入资金进行村庄整治，改善生产生活条件，建起休闲公园等基础设施，丰富村民业余生活。

4. 产业发展，带动就业。东坑镇积极引进企业，特别是服装相关企业，为村民提供“家门口”的工作岗位，解决就业问题，获得群众赞许和支持。

竹园村通过“引凤归巢”，不仅推动了乡村文明建设与经济发展，还积极吸引致富能手、优秀青年、外出乡贤、大学生等返乡，为乡村发展注入新活力，夯实后备干部人才库。这些举措共同推动了竹园村的全面发展，为乡村振兴提供了有力支撑。

四、开展人居环境整治，提升乡村风貌

在环境整治方面，持续巩固“明珠一号”攻坚行动成果，深入实施“三清理三拆除三整治”行动，深入推进农村“厕所革命”和村内道路建设，推进农房微改造，美化田园风貌，大力推进“三线”整治，全面完成道路硬底化、集中供水、污水治理等基础设施，建设宜居宜业和美乡村；在绿美生态建设方面，坚持规划引领，制定绿美地图，种植风铃木、桂花、含笑等乔木330棵，另外还种植了12000棵油茶，实现生态、经济效益共进。持续推进乡村口袋公园建设，提升森林防灭火能力，推动绿色美丽乡村建设。

五、保障措施

（一）加强统筹协调

坚持把乡村产业振兴作为乡村振兴的重中之重。建立农业农村部门牵头抓总、各有关部门协同配合、社会力量积极支持、群众广泛参与的推进机制。加强对乡村产业发展的组织、调度、督导，形成县、乡、村三级齐抓共推的强大合力。

（二）完善政策措施

落实农业企业、农民合作社税收优惠政策。强化金融服务，充分利用“财政惠农信贷通”等融资渠道，加大对新型农业经营主体的支持力度。大力推广农村承包土地的经营权抵押贷款。落实农村产业融合发展用地优惠政策，在新增建设用地计划指标和农产品加工、仓储保鲜、农机库棚、休闲农业设施等农业建设用地上给予优先保障。

1. 税收优惠政策。竹园村积极落实农业企业、农民合作社的税收优惠政策。

汕尾税务部门为当地农企提供“一对一”政策宣传辅导，确保税收优惠政策应享尽享。例如，针对青梅产业等重要特色产业，税务部门进行了税收政策跟进式辅导，助力涉农企业发展。

在税收优惠政策的扶持下，竹园村的农业企业和农民合作社得到了实惠，促进了当地农业的发展，为乡村振兴注入了新的活力。

2. 完善金融服务体系。竹园村积极响应政策，利用“财政惠农信贷通”等融资渠道，加强农村金融创新，助推乡村振兴。

陆河农商银行在竹园村开展“整村授信”项目，已覆盖县内多个自然村，预授信农户数量多，授信金额达3.67亿元，用信金额1700多万元，有效缓解了农民融资难问题。

例如陆河农商银行向竹园村所在东坑镇的华展制衣厂授信500万元，并签订授信意向书，支持当地新型农业经营主体发展。

（三）强化责任落实

强化分类指导，梳理并解决制约乡村产业发展的瓶颈问题，促进新型农业经营主体与农户利益共享，提升产业竞争力。将乡村产业发展纳入实施乡村振兴战略实绩考核和高质量发展绩效考核，强化考核成果运用，将考核结果与乡村产业发展相关项目资金安排挂钩。

（四）注重宣传引导

及时挖掘乡村产业发展的经验做法和发展模式，宣传推广一批农业龙头企业和农村创新创业等典型案例，全方位、多角度展示陆河县乡村产业发展成效，营造社会参与崇尚创新的乡村产业发展良好氛围。

1. 挖掘经验做法。竹园村积极挖掘乡村产业发展经验，探索适合本村的发展模式，如推进农业现代化、发展特色产业等。

2. 宣传推广典型。宣传推广了一批农业龙头企业和农村创新创业典型案例，如引进周润南凉茶厂等，解决了就业问题，促进了农民增收。

3. 文旅融合。成功打造“浮日瀑布咖啡”项目，成为网红打卡点，吸引大量游客。

4. 展示发展成效。通过建设休闲公园、驿站等设施，改善了生产生活条件，提高了村民生活质量。同时，竹园村还被评为国家文明村，展示了乡村产业发展的良好形象。

浮日瀑布咖啡

竹园村在乡村产业发

展方面的经验做法和发展模式，为其他地区提供了有益借鉴，营造了社会参与、崇尚创新的乡村产业发展良好氛围。

六、未来发展规划

竹园村将围绕以下三方面加强工作。

（一）继续加强基础设施建设

特别是污水处理、垃圾处理等方面的工作，加强日常监管和养护，确保污水处理设施的正常运行，同时加强农村生活垃圾的收集和处理，提升村庄的整体环境，让农村居民生活在更加整洁、舒适的家园。

（二）凝聚群众力量，打造绿美乡村风景线

引导农民群众积极参与农房洁化、绿化、美化，提高农村绿化覆盖率，打造美丽乡村的亮丽风景线。同时，加强生态环境保护，落实绿色发展理念，确保农村生态环境的可持续发展。

（三）发展乡村产业

进一步挖掘和利用村庄资源优势，加大招商引资力度。通过引进优质企业，开展适合本地的经济活动，为农村经济发展注入新的活力。充分发挥农村产业优势，提高农民的收入水平，助力“百千万工程”走深走实。